カルロス・I・カル／著
ロジャー・ペンローズ／まえがき
大森充香／訳

アインシュタイン
と
コーヒータイム　Coffee with Einstein

三元社

読者のみなさまへ

本書のインタビューは完全なフィクションですが、確かな歴史的事実に基づいて構成されています。想像上のインタビュアーが架空のアインシュタインにインタビューを行います。どのような対話の場が想定されているかは著者による「はじめに」をご覧ください。アインシュタインの生涯を短くまとめた「小伝」のあと、インタビュー「アインシュタインとコーヒータイム」が始まります。

＊本文中、〔　〕カッコ内に示しているのは訳者による補足です。

Coffee with Einstein
All Rights Reserved
Copyright © Watkins Media 2008
Text copyright © Carlos I. Calle 2008
Foreword copyright © Roger Penrose 2008
Japanese edition published by arrangement through The Sakai Agency

目次

まえがき ロジャー・ペンローズ　*4*
はじめに　*8*
アルベルト・アインシュタイン（1879-1955）小伝　*11*
アインシュタインとコーヒータイム　*29*
 原子を数える　*30*
 驚異の年　*39*
 時間と空間の真実性　*47*
 時間について　*56*
 傑作　*63*
 量子理論と相対性理論　*73*
 方程式　*79*
 原子爆弾　*84*
 やり残した仕事　*91*
 イメージによる思考　*97*
 信仰　*103*
 父と息子たち　*109*
 アインシュタインと関わった女性たち　*114*
 巨人たちの肩の上　*118*
 音楽とボート　*127*

注　*135*
参考文献　*138*
索引　*140*
訳者あとがき　*142*

まえがき
ロジャー・ペンローズ

　20世紀に入ってからの30年というのは、たいへん驚くべき時期だったといえます。というのも、私たちが思い描く物理的実体の基本的な性質が二度も大きく覆(くつがえ)されたからです。このふたつの革命を語るのに欠かせない人物こそ、こちらでコーヒーカップを片手に座っていらっしゃるアルベルト・アインシュタインさんなのです。

　ひとつめの革命は、自然界を構成するもっとも小さなパーツの一風変わった特徴に関するものでした。20世紀初頭、マックス・プランクは物質と光の平衡(へいこう)状態を説明するにあたり、エネルギーは不連続のごく小さなまとまりとしてのみ、ある場所から別の場所へと移動することができると提唱しました。初めは誰も認識していませんでしたが、それから5年が過ぎた1905年に、アインシュタインがその重要性に気付きました。これまで光の正体については、電場と磁場が織りなす波であるとして、19世紀半ばにマクスウェルが完

璧に説明したと思われていました。けれども、アインシュタインは、光は波であると同時にもっとも小さな粒子でもあるといったのです！　けれども、同時代の人々は、アインシュタインの考える光の正体は単なる妄想に過ぎないと見なしました。アメリカの物理学者ロバート・ミリカンもそのひとりで、最初は半信半疑でした。しかし、1916年にとうとうアインシュタインの予測を立証したのでした。この「光は波か粒子か」という重要なパラドックスは、やがて量子革命へとつながり、およそ10年を経てついに定式化されるのでした。

　ただ、アインシュタインの名を世に知らしめたのは相対性理論だといえるでしょう。この理論によって、宇宙や時間、重力に関する私たちの考え方が様変わりしたのです。この革命は、ふたつの明確な段階を踏んで進められました。ひとつは、1905年にアインシュタインが特殊相対性理論を提唱したこと。これにより、一見不可能とされた光の速度が有限であるための条件（マクスウェルが実測的に確立した理論によって求めたもの）と、一般的には測定しえない等速直線運動に必要な条件の整合性がもたらされました。アインシュ

タイン以前の人たちも、1905年にアインシュタインが解答を導いたその難問に取り組んでいて、いくつもの重要な要素をすでに発見していました。けれどもアインシュタインの概念は、彼らのよりも遙か遠くまで及んでいました。なかでも、もっとも注目すべき結論に、質量とエネルギーの等価性を表した有名な公式 $E = mc^2$〔エネルギー(E)＝質量(m)×光速度(c)の2乗〕があります。1908年、ロシアのヘルマン・ミンコフスキーは、アインシュタインが唱えたアイディアを四次元の時空として改めて定式化しました。

　特殊相対性理論は、理論的にも実験的にも、多くの独立した研究とうまいこと辻褄の合う素晴らしいものでした。けれども、アインシュタインが1915年に唱えた「一般相対性理論」はまさに青天の霹靂。重力による効果を導入することによって、相対性理論を等速直線運動だけでなく任意の加速運動に拡大できるという驚くべき洞察力を示し、ミンコフスキーのいう時空は曲がっているはずだという解釈に結びつけたのでした。この概念は多くの物理学者と天文学者にとって受け入れがたく、アインシュタイン存命中にこの理論を裏付ける研

究はほんのわずかしかありませんでした。しかし、一般相対性理論はいまとなっては十分検証され、遙か遠い宇宙領域の質量分配の解明に欠かせない存在とまでなっています。

　アインシュタインは感情豊かな性格で、よく冗談を飛ばしたりもしました。音楽やバイオリンの演奏、ボート乗りなどの趣味もありました。政治に関しては強い信念をもっており、平和主義を支持していました。晩年は身なりを気にしませんでしたが、若かりし頃の写真からはまた違った印象を受けます。

　アインシュタインがいてくれたお陰で、この世界は非常に豊かになりました。では、いよいよアインシュタインをご紹介いたしましょう！

ロジャー・ペンローズ

はじめに

　アルベルト・アインシュタインは、インタビューが好きではなかったそうです。「その場で弁明できないときに誰かがいい加減な発言をして、それに対して公の場で釈明するために呼び出されるなんてまっぴらごめんだ」とエッセイに書いています。また、立身出世の秘訣(ひけつ)も、いかにも彼らしく公式に表しています。「Aが成功であるとき、A＝X＋Y＋Zという公式が成り立つ。このときXは研究でYは遊びである。」「ではZは何ですか？」と聞かれ、アインシュタインはこう答えました。「口をつぐんでおくことさ。」

　けれども、アインシュタインは自らの公式に従うことができませんでした。結局、アインシュタインが受けたインタビューは数知れず、さまざまなテーマに及んだのでした。世間の注目を一身に集めた人物として、避けては通れない道だったのでしょう。ただ、腰を落ち着かせた包括的な一問一答型式のインタビューで、科学面におけるこれまでの経歴を語ったり、私生活での面白いエピソードに触れたりすること

は一度もありませんでした。それなら、偉人アインシュタインとコーヒーを飲みながらインタビューでもしようではないかというのが本書のねらいとなったわけです。

　アインシュタイン本人の口から彼の理論を説明してもらえる。これ以上の贅沢(ぜいたく)があるでしょうか？　はたしてインタビューで相対性理論を理解できるだろうかと不安に思う人もいるでしょう。たしかに、相対性理論は専門家でなければ理解できない難解な理論のひとつだと思われている節(ふし)はあります。けれども、実際のところ、主となるアイディアはそれほど難しいものではありません。アインシュタインにいわせれば、数学の部分はともかく、物理に関する理論はどんな子どもでも分かるくらい易しく説明することができるのです。

　また、インタビューの質問に対するアインシュタインの回答がどうして分かるのかという点においても、心配には及びません。アインシュタインが書いた論文や一般書、記者とのインタビュー、家族や友人に宛てた個人的な手紙といったものを参考にしているからです。これらの資料のなかから本人の言葉を直接引用した箇所もあります。詳しくは、巻末の注

をご覧ください。

　この架空のインタビューでは、アインシュタインの私生活にも迫ってみたいと思います。たとえばアインシュタインは仕事に没頭するあまり、何かを発見するまで部屋から出ることすら忘れたことがあったそうですが、はたして彼は天才でありながら、無分別だったのでしょうか？　たしかに、研究のこととなるとつい夢中になって、似たようなことをしました。栄誉の式典に出席したときなどは、自分の功績を称えるスピーチもそっちのけで、プログラムの裏表紙にひたすら公式を書き連ねていたとか。でも本当のところ、アインシュタインは分別の無い人ではありませんでした。仰々(ぎょうぎょう)しい式典よりも仕事をしていたかっただけの話です。

　ではまるっきり仕事人間だったかというと、そうでもありません。皆さんはこれから、アインシュタインの家族や親しくしていた女性たち、信仰、そして波瀾万丈な人生についても読んでいくことになります。本という限られた枠組みではありますが、科学的貢献や私生活などアインシュタインの全体像を知っていただけるように質問のテーマを選びました。

アルベルト・アインシュタイン (1879-1955)
小伝

　颯爽（さっそう）とした風貌に鋭く光る深い色の瞳をもち、奇跡を起こした男──アインシュタイン。彼の発言は天地をひっくり返すようなものでした。空間は一定不変なものではなく、私たちの動きに合わせて伸び縮みもすればよじれたり湾曲したりもする。時間にしても、私たちの動きによって速くなったり遅くなったりする伸縮自在なものであるといったのです。彼は、溢（あふ）れ出るアイディアを方程式に書き出して宇宙モデルを作ったわけですが、本物の宇宙はまさにそれらの方程式が示したとおりのものであることがやがて明らかにされていきました。アインシュタインは、頭ひとつで私たちの世界観を一変させたのです。

　アルベルト・アインシュタインがどのような躾（しつけ）を受けて天才になったのかはよく知られていません。1879年3月14日、ドイツ南部のウルムという町で、ユダヤ人の両親から生まれました。一家はアインシュタインが1歳のときミュンヘンに

移り住み、彼は15歳までその町で暮らしました。2歳のときには妹のマヤが生まれ、家族4人で中流階級の生活を楽しんでいました。

　両親はアインシュタインの知的発達の遅れを心配し、彼が3歳くらいのときに医者に診てもらっています。というのも、アインシュタインはほとんど言葉を話さなかったからです。医者の診断記録は残されていませんが、アインシュタインはやがて普通の子どもと同じように話せるようになりました。本人曰く、言葉が遅れたのは完全な文を作ってから話そうと決めていたからだそうです。まずは頭のなかで文を組み立てる。それが満足できるものであれば、そこで初めて口に出していう。そうすれば、誰からも「あいつはまともに話せない」などと思われずにすむからです。

　アインシュタインの母パウリーネは音楽好きで、ふたりの子どもたちに楽器の演奏を教えました。アインシュタインは6歳のときにバイオリンのレッスンを受け始めました。レッスンは14歳でやめましたが、バイオリンは生涯の娯楽となりました。

学校での成績にはむらがありました。初等学校では成績優秀。よい学校に通い、初年度を飛び級してもなお成績はつねにトップでした。けれども、中等学校に進むと勉強する分野が偏るようになりました。その結果、好きな数学とラテン語でよい成績を収める一方、嫌いなギリシャ語のクラスでは落ちこぼれていました。ギリシャ語の先生には、「おまえは将来ろくな者になれないだろう」とまでいわれたそうです。

　アインシュタインは軍隊のような堅苦しい学校教育を嫌がっていましたが、自ら進んで学ぶ子どもでした。12歳頃には幾何学の教科書の問題に取り組み、数ヶ月も経たないうちに一通り終わらせてしまいました。それどころか、いくつかの定理を独自に証明してみせたのです。アインシュタインは、この「聖なる幾何学の本」のお陰で科学に興味を抱くようになったといっています。エンジニアの叔父をたいそう喜ばせたのもちょうどこの頃でした。叔父がアインシュタインに代数学の本を与えたところ、最高難度の問題さえも解いたのでした。

　こんなふうにして、アインシュタインは独自の学習法を続

け、16歳になる頃には微分積分学や幾何学を独学で習得しました。一方、学校嫌いは相変わらずでした。両親が事業に失敗してイタリアに行ってしまったときなど、数ヶ月後には学校を勝手に中退して両親のもとにやって来てしまいました。アインシュタインが大学の入学試験に向けて勉強すると約束すると、両親のショックはようやくやわらいだのでした。

　ところが受験の準備が整い、チューリッヒ工科大学に願書を提出しようという段階にきて、年齢が満たないことに初めて気付きました。パウリーネが、息子の優れた才能を訴えて大学を説得し、ひとまず試験だけは受けられることになりました。しかし、結果は不合格。数学と科学はよかったのですが、あとはどれもひどいものでした。校長の提案で、アインシュタインはスイスの中等学校に1年間通うことになりました。その学校を卒業することを条件に、チューリッヒ工科大学への入学を約束してもらえたのです。

　スイスの中等学校は、アインシュタインが毛嫌いしていたドイツの学校とは違って、生徒が自ら考える力を養うことを奨励しており、リラックスした学習環境を提供していまし

た。学校長は尊敬できる師であり学者でした。3人の娘がいて、そのうちのひとりマリー・ウィンテーラーがアインシュタインの初恋の相手となりました。天にも昇るような気持ちのアインシュタインは、その素晴らしい1年の締めくくりに、クラストップの成績で待望の卒業証書を手に入れました。

1896年、入学年齢に達していなかったものの、アインシュタインはチューリッヒ工科大学への入学を許可され、物理学を勉強することになりました。そして最先端の研究室で、世界トップクラスの教授たちに学びました。ただ、ここでも初等教育のときのように、好きなクラスには熱心に足を運び、嫌いなクラスはさぼって自分で勉強しました。大学2年目の終わりに受けた中間試験では、クラスで一番の成績でした。

アインシュタインは、大学に通い始めるとすぐにマリーへの興味を失いました。そして2年生のとき、ミレヴァ・マリッチという女性と知り合いました。セルビアから来た物理学の学生です。ふたりはすぐに恋に落ち、暇さえあればいつも物理学の本を読んだり話をしたりして一緒に過ごしました。

ちょうどこの頃、ジェームズ・クラーク・マクスウェルが

発見した電磁場理論が物理学界を沸かせていました。電場と磁場を見事に統一し、光が空間を移動する方法を説明したのです。ところが、電気学と磁気学を教える講座ではこの話題に一切触れなかったものですから、アインシュタインはひどく落胆しました。以来、アインシュタインがその講座の内容に不満を抱くようになったのはもちろんのこと、そのほかの講座でも反抗的で無礼な態度をとるようになりました。

アインシュタインは、1900年にチューリッヒ工科大学を卒業したあとも大学に残って、物理学の博士課程に進みたいと考えていました。けれども、これまで教授陣を敵に回していたことが災いし、その希望は絶たれました。そこでアインシュタインは、ベルンにあるスイス特許庁の審査官になりました。

新しい職場では、大学の雑務に煩わされることも、同僚や流行り物に影響されることもなく、自分の科学的興味のまま追究することができました。子どもの頃からやってきたように、今度は博士号取得に向けてアインシュタインは自学自習に励みました。

この頃、アインシュタインはミレヴァとの関係を深め、1903年に結婚しました。その1年前、ミレヴァはふたりのあいだにできた最初の娘リーゼルを出産しています。しかし、ふたりは結婚前の妊娠を秘密にし、生まれた子どもを娘として認知しなかったようです。リーゼルの存在は、1987年にアインシュタインとミレヴァがやり取りした手紙の文面でのみ明かされています。

　アインシュタインの発見によってまもなく科学界に嵐が起ころうという1904年、長男のハンス・アルベルトが誕生しています。けれども、アインシュタインは物理のことばかり考えていました。妻や息子への気配りを怠り、結婚生活に陰りが差し始めました。

　次男エドゥアルトが1908年に生まれ、結婚生活はもち直したかのように思われました。しかし、数年も経つと、アインシュタインは会議や講義で旅行に出かけては女遊びを繰り返したので、夫婦関係は改善しませんでした。なかでも従妹のエルザ・レーベンタールとは特に親しくしていました。アインシュタインが大学教授という魅力的な申し出を受け、一

家がエルザの住むベルリンに引っ越すと、ミレヴァの嫉妬により夫婦仲は一層悪くなりました。ふたりはとうとう1914年に別居して、1919年に離婚しました。アインシュタインはまだノーベル賞を受賞していませんでしたが、受賞した暁(あかつき)にはその賞金をミレヴァに贈ることを約束しました。そして、1921年、アインシュタインは量子論の発展につながる研究の功績においてノーベル賞を受賞したのでした。

　1905年、当時26歳のアインシュタインは、科学界を永遠に変えることになった五つの科学論文を発表しています。なかでも三つの論文は、こんにち私たちが知る近代物理学を形作った、ふたつの革命をもたらすものでした。ひとつは、原子と分子の物理を扱う量子論に関する論文。あとのふたつは、私たちの空間と時間の概念を変えた理論についての論文でした。かの有名な $E = mc^2$ の公式が登場したのもこの論文です。この公式により、どのように太陽が燃料を燃やし、核エネルギーが生まれ、核爆弾ができるのかがやがて説明されることとなりました。しかし、1905年当時、原子物理学はまだ存在しておらず、まして連鎖反応や核融合といった原子爆弾に

不可欠な概念はありませんでした。アインシュタインは、宇宙の仕組みを解明しようという試みのなかで、この公式にたどり着いたのです。1955年、アインシュタインは次のように書いています。「技術的に応用しようなどという考えはこれっぽっちもなかった。」

この驚異の年に書かれた残りふたつの論文の目的は、「大きさが一定で有限な原子の存在を裏付ける真実を可能な限り発見すること」だったとアインシュタインはいっています。その最初の論文「分子の大きさを決定する新しい方法」は、1906年にチューリッヒ工科大学に提出されたアインシュタインの博士論文でした。

相対性理論を発表したあと、アインシュタインはその適応に限界を感じるようになり、その限界を乗り越える理論を模索し始めました。その取り組みはアインシュタインの頭脳をもってしても困難を極めましたが、10年に及ぶ努力の末、新しい理論を発表することに見事成功したのです。1915年のことでした。アインシュタインは、それを一般相対性理論と呼びました。一般相対性理論では、宇宙の仕組みを支配す

る物理学を説明し、ニュートンの傑作である重力理論を修正して、さらに拡大しました。

アインシュタインは、最初に発表した相対性理論（＝特殊相対性理論）でもそうしたように、一般相対性理論でも驚くべき予言をしました。その最たるものは、おそらく「宇宙は平らではない」ということでしょう。惑星や恒星、銀河はもちろん、ありとあらゆる物質は周囲の空間を巻き込んでいるというのです。ただし、この巻き込みは恒星や太陽のように非常に重い物体でなければ測定できません。1919年、イギリスの天文学者らがこの現象を確認すると、アインシュタインはたちまち世界的な有名人となりました。ロンドンのタイムズ紙には、「科学革命——宇宙の新理論、ニュートンの学説を覆す」という見出しが躍りました。世界の主な新聞各社もこれに倣い、アインシュタインは一躍時の人となったのです。

アインシュタインは、この目覚ましい活躍を見せた年を、従妹エルザ・レーベンタールとの結婚で締めくくりました。ミレヴァと離婚して5年が経っていました。アインシュタイ

ンは幼少期にエルザと知り合っていましたが、大学に入学する頃には疎遠になっていました。ふたりが再会したのは、1912年、33歳のアインシュタインがベルリンの母親を訪れたときのことでした。その訪問をきっかけに、従妹との関係を超えた愛情が芽生えたのでした。しかし、アインシュタインのエルザに対する興味はわずか2年で失われてしまいます。一方、エルザの気持ちは揺るぎませんでした。1917年にアインシュタインが慢性胃腸障害を患ったときも熱心に看病し、彼の気持ちをいくらか取り戻すことに成功しています。アインシュタインはそこまで深くエルザを愛してはいませんでしたが、彼女に介抱してもらえるのはありがたかったし、彼女の料理も喜んで食べました。また、彼女の一途な気持ちに応えなければならないとも感じていました。一方、エルザは、アインシュタインとの結婚生活は決して楽ではないだろうということを最初から覚悟していました。それでもアインシュタインの妻としての役割を果たし、有名な従兄と共に世間から注目されることが彼女の喜びでした。ふたりの結婚は、もちつもたれつの関係だったのです。

さて、一般相対性理論で予言した「太陽の重力で光は曲がる」という現象が実際に確認された1919年は、ちょうど第一次世界大戦が終結した年でした。アインシュタインは平和主義で、かねてから戦争に反対していました。戦時中、いくら大衆が高揚感に包まれていても、彼はひとりこうつぶやくのでした。「私はこのようなときに、人が愚かな動物であることを思い知らされる。黙想にふけり、ただ哀れみと嫌悪感の入り交じった気持ちになるばかりだ。」1920年代、アインシュタインの名が世界中に知れ渡ったあと、彼は世界中を旅してまわり、講義を行い、科学者や権威者と会いました。そして新たに得た名声を利用して、平和を唱えました。あるインタビューでは、こんなことをいっています。「直接的であれ間接的であれ、戦争に荷担することは無条件に断る。友人にも私を見習うように説得するつもりだ。その戦争に、いかなる理由があろうとも。」

　しかし、1933年、ヒトラーが権力を振るうようになると、アインシュタインの平和思想が崩れていきます。世界の有力な国々が、ナチスの脅威に対して何の対策も講じていないこ

とに危険と憤(いきどお)りを感じるようになったのです。アインシュタインはナチスを痛烈に批判するようになり、その結果、国家反逆者としてナチスに指名手配されてしまいました。命の危機を感じたアインシュタインはアメリカに亡命し、プリンストン高等研究所の教授として着任すると、そこで残りの人生を過ごしました。

　1939年、アインシュタインは、ルーズヴェルト大統領宛てに手紙を書いてほしいと依頼され、アメリカはナチスより先に核爆弾を開発するべきだと進言しました。しかし戦争が終わると、以前の強い平和思想を取り戻し、核兵器の拡散に反対するようになりました。アインシュタインに関するFBIファイルは、1427ページにも及んだといいます。

　一般相対性理論を完成させてまもなく、アインシュタインはその方程式を応用して、宇宙モデルを構築することを決意しました。宇宙がどのように創られ、どのように機能しているのかを発見するのです。そのモデルに用いた方程式から導かれたのは、膨張もしていれば収縮もしているというダイナミックな宇宙でした。しかし、天文学者たちの観測結果はそ

のどちらにも当てはまらなかったことから、アインシュタインは「宇宙定数」と呼ばれる係数を導入して静止宇宙モデルに修正しました。

ところが、1年後、天文学者エドウィン・ハッブルは、宇宙は静止しているのではなく膨張していることを発見しました。アインシュタインは、もし当初の方程式によって導かれた結果を素直に認めていれば宇宙の膨張を正しく予測できていたことを知り、宇宙定数を導入したのは「人生最大の過ち」だったといいました。(ただし、近年の観測によれば、アインシュタインが方程式に取り入れた宇宙定数もあながち間違いではなかったということが示されています。この定数はいまではダークエネルギーと呼ばれる斥力に相当し、宇宙には膨張を減速させるのに十分な質量が存在するのになお宇宙の膨張が加速されている理由の説明に用いられています。)

アインシュタインは、自然は「なにか根本的にシンプルで統一されたもの」により理解できると固く信じていました。そして、一般相対性理論を完成させたあとは、未完成の研究であった統一場理論のために残りの人生をかけようと決意し

ました。宇宙に存在するいくつかの場の理論とそれらの相互作用をひとつの理論に統合しようというのです。

　アインシュタインが発見における指針としてつねに掲げていたのは、一見とてつもなく難しい概念——たとえば時間と空間やエネルギーと質量、加速と重力など——のなかに共通のテーマや対称性を見つけることにより、さまざまな理論を統一してシンプルにするという方法でした。アインシュタインは、これらの対称性を解明するなかで、特殊相対性理論と一般相対性理論を導きました。そして、物理全体を統一しようという試みが、さらなる対称性の研究につながっていったのでした。それから半世紀以上が経過したいま、彼が行った対称性の研究は、統一場理論の完成に向けた新たな試みへの架け橋となっています。そして、それはいつの日かアインシュタインの夢を叶えることになるでしょう。

　アインシュタインはプリンストンでの研究と生活が気に入りました。1936年3月には、友人であるベルギーのエリザベス女王宛ての手紙につぎのように記しています。「私は、運命によって、プリンストンに住む特権を与えられました。こ

ちらは、まるで孤島のようです。この小さな学園都市にいれば……人々の争う混沌とした声をほとんど聞かずにすみます。」悲しいことには、数ヶ月後、その静かで平和な暮らしが脅かされる出来事がありました。20年にわたり彼を大いに支えてくれた2番目の妻エルザが亡くなったのです。

　しかし、エルザのいない生活にもまもなく慣れました。大好きな妹のマヤ、信頼の置ける秘書ヘレン・デューカス、継娘らが代わりとなってアインシュタインの家庭をしっかりと切り盛りしてくました。ただし身なりは別でした。自宅から研究所へ向かうアインシュタインを見かけた隣人のパム・ハーローによれば、彼はしわくちゃの古着にぼさぼさの髪という出で立ちで、雨が降って水たまりになっている砂利道のくぼみを避けようともせずに歩いていたそうです。パムは8歳で、両親と共にとおりの向こう側に住んでいました。「あの人はいつも靴下を履いていないの。冬でもそう。真っ直ぐそのまま水たまりに入っていくものだから、靴はずぶ濡れだったわ。」

　アインシュタインは快適さだとか所有物に頓着したことが

ありませんでした。妹のマヤ曰く、アインシュタインは幼い頃からこんな調子だったそうです。「ダイニングルームには、松の木のテーブルとベンチや椅子がいくつかあればそれでいい。」頭のなかはいつだって理論に占有されていて、形あるもののことはどうでもよかったのです。アインシュタインは宇宙がどのように創られどのように機能するのか、なぜいまのような宇宙の姿になったのか、そしてそもそも宇宙は存在すべきだったのかを知りたかったのです。彼は、これらの疑問に対する答えを求めて、命が尽きる数時間前まで情熱的に探求し続けました。

アインシュタインとコーヒータイム

いよいよインタビューを始めましょう……

ここから、アルベルト・アインシュタインとの
架空の対談が始まります。
15のテーマについて、
突っ込んだ質問にも率直に答えてもらいます。

ゴシック体で書かれた文字は質問、
明朝体の文字はアインシュタインの回答です。

原子を数える
Counting Atoms

　アインシュタインが科学において初めて独創的な貢献をしたのは、大学卒業後まもなくのことでした。当時、イギリスの化学者であり物理学者のジョン・ドルトン（1766-1844）らの研究成果により、原子は実在するという考えが広く受け入れられていました。しかし、それでもなお原子の存在を認めようとしない科学者たちもいました。ただ、たとえ原子が存在するとしても小さすぎて見えない、というのがすべての科学者たちの共通見解となっていました。原子は、1950年代に電界イオン顕微鏡が発明されてようやく観察できるようになるのです。アインシュタインは、1902年から1904年のあいだに発表した初期の論文のなかで、原子の存在を確実に立証する方法を考えていました。

―― アインシュタインさん、まずは最初の発見についてお聞かせいただきたいのですが。最初に発表された科学論文とはどのような内容のものでしたか？

初めに発表したふたつの論文には、ここで議論するほどの価値はないと思う。ほんのちょっとでも、何かしらの価値がある最初の論文といえば、1902年から1904年に発表した三つの論文になるかな。これらの論文をもとにして、私は原子の不確実性を一掃するアイディアを確立できたんだ。このアイディアが熟したのが1905年だった。

―― 学校では、ジョン・ドルトンが19世紀の初め頃に原子論を提唱したと教わりました。1905年当時、原子の存在はまだ疑われていたのですか？

著名な科学者のなかにも、原子の存在を認めない者がまだちらほらいたよ。原子論を唱えたドルトンをはじめ、科学者たちは物質の変化は原子の組み合わせによって作られる分子間

の相互作用によって見事に説明できることを示していたんだけどね。それでも、エルンスト・マッハみたいな名高い科学者たちは原子の存在を認めなかった。どんなに優れた知力の持ち主でも、固定観念に凝り固まっていると真実を受け入れられないことがあるという興味深い例だ。

―― アインシュタインさんはどのように原子の存在を証明したのですか？

間接的な方法を使ったんだ。原子は小さすぎて肉眼で観察することができないでしょう？　最高精度の電子顕微鏡でも、見えるのはせいぜい100万分の1ミリメートル、つまり原子3000個分くらい。当時は誰も原子の直径を知らなかったけど、間接的に求めることならできるはずだと私は確信していた。そんなある日、友人宅で紅茶を飲んでいるときにふとお湯に溶けている砂糖分子の動きについて考え始めて、分子の大きさを算出する方法を思いついたんだ。

—— それはどんな方法ですか？

それはね、砂糖を水に加えると粘度が増すという事実に基づいた方法だよ。つまり、砂糖を加えた水溶液は濃く、重くなっている。この粘度は測定可能な値だ。私は、砂糖分子の大きさと測定可能な粘度のあいだに数学的な関係が得られるかを知りたいと思った。それによって、分子の大きさを推測できると考えたんだ。ただ、この関係を求めるためには、分子についていくつか仮定しなければならなかった。

—— 仮定したというのは、つまりこれらの分子がどんなものなのかを推測したということですか？

いや、それはできなかった。私が仮定したのは、分子の形と振る舞い。問題を簡略化して、計算を可能にしようとしたんだ。たとえば、砂糖分子は他の分子の存在による影響を受けずに水中を動く完全な球体と仮定して計算した。実際の分子が完全な球体になりえないことは分かっていたけど、計算上、

その辺りの細かいことは重要じゃなかった。結果には影響しないからね。

―― 得られた関係式はものすごく複雑だったのでは？

いやいや、ふたつの単純な式を用いた2ステップで解ける式でね、じつに斬新な方法だったよ。ひとつめの式では、砂糖分子の大きさとアボガドロ数を使った。アボガドロ数というのは、なかなか重要な数で、これを使えばどんな物質でも一定質量に含まれる分子の数を計算で求められる。

―― えーっと、アインシュタインさん、アボガドロ数についてもうちょっと詳しく説明していただきたいのですが……。

ああ、アボガドロ数というのはね、原子の性質に関わる定数のこと。これが何でそんなに便利かというと、質量が分かればそのなかに含まれる原子の数が分かるからなんだ。たとえば、オレンジ1ダース分の重さが2キログラムだと分かって

いるとしたら、運送用の大きな木箱の重さを量ることで、なかに入っているオレンジの数を求めることができるよね。もしオレンジの入った木箱の重さが2000キログラムなら、オレンジは1000ダース分あるっていうことが分かる。これならオレンジを1万2000個数えるよりも早くて簡単でしょ。じゃあ塵を数える場合はどうだろう。塵の粒は小さいから1ダース単位では量らない。おそらく100万粒単位で量るだろうね。アボガドロ数は100万よりもずっと大きな数なんだけど、どうしてかっていうと、それは数えたい分子が塵粒の1万倍も小さいから。1ダースとか100万個分の分子を量る代わりに、アボガドロ数個分の分子を量るっていうわけ。ただ、ちゃんとしたアボガドロ数を知らないことには、アボガドロ数を利用できない。でも、24桁の数を求めるのはなかなか難しくて。これまでの試みでは正確なアボガドロ数が得られていなかった。

―― そこでアインシュタインさんは水分子の大きさだけじゃなく、より正確なアボガドロ数を求めたのですね？

その通り。

―― そして、分子の大きさとアボガドロ数を求めることで原子の存在を証明したのですね？

ああ、そうだ。私は分子の大きさとアボガドロ数を求める方法をほかにもいくつか発見したんだが、いずれの独立した方法で求めても、分子の大きさとアボガドロ数はすべて一致した。驚くべき結果だったよ。それで、原子や分子の存在を最後まで頑（かたく）なに否定していた者たちを説得できたのさ。

―― 発見したほかの方法といいますと？

一番重要なのはブラウン運動について書いた論文で説明した方法かな。1828年にね、ロバート・ブラウンという植物学者が水に浮いている花粉の粒子を顕微鏡で観察していたときに、粒子が小刻みに動いているのを見つけている。だけど私は自分で論文を書こうというときまでブラウンの研究を知ら

なかったから、彼とは違うアプローチをとったんだ。室温にある分子は相当大きなエネルギーをもっていることは分かっていた。そこで、その分子エネルギーには、顕微鏡で見られるように、物体の微粒子を動かせるだけの力があるのだろうかと考えた。ブラウン運動はある意味、分子顕微鏡のようなもので、分子よりもずっと大きな花粉の粒子の動きを観察することによって、目に見えないほど小さな分子の運動を間接的に知る方法なんじゃないかってね。粒子に分子がひとつ衝突したところで、その粒子の動きを観測することはできないけど、ランダムな衝突がたくさん生じたらどうだろう。そのうちの何回か、同じ方向からいくつもの衝撃を受けた粒子が動く様子を観測できないだろうか。

—— それはつまり、分子は花粉の粒子と衝突したり粒子を四方八方に押しやったりしていて、粒子の小刻みな動きは分子の運動を大きくして見せたものだと？

その通り。私は、微粒子が分子の衝突によって動くというこ

とを示すために、前に書いた論文のときみたいに仮定をした。そして、衝突と衝突のあいだの時間、移動したわずかな距離、粘度、そして粒子の半径を求める式を考え出した。誰かがストップウオッチと顕微鏡を使って実際にこれらの値を測定してくれれば、アボガドロ数を見つけるのはたやすいことだった。これで、原子を数えることができるようになるってわけだ。

—— 誰かすぐに検証してくれましたか？

ああ。1905年にブラウン運動に関する主だった論文を発表してから3年以内に、パリのジャン・ペラン教授が私の理論をあらゆる角度から検証してくれたよ。

驚異の年
The Year of Wonders

　ニュートンが大発見を遂げた1666年を驚異の年と呼ぶように、1905年はアルベルト・アインシュタインにとっての驚異の年として知られています。いまとなっては有名となった手紙のなかで、アインシュタインは友人のコンラッド・ハビヒトにその重要な年の到来を予告していました。「これから4篇の論文を書くつもりだ……ひとつめは、すぐに送れると思う。光の放射とエネルギーの特性に関する論文でね、なかなか革命的なんだ。是非、読んでくれたまえ。」その年、アインシュタインは5篇の論文を書いて、科学界の常識をひっくり返し、物理学においてふたつの革命を引き起こしました。そのなかには、相対性理論に関する2篇の見事な論文と、量子物理学を生んだ論文が含まれていました。

—— アインシュタインさんといえば、多くの人は相対性理論と E = mc² という有名な公式を思い浮かべます。これらはいつ発見したのですか？

1905年、私がベルンの特許局で働いているときだよ。でも、突然発見したわけじゃない。物理の法則、これはつまり観察から得られた事実なんだけど、そういったものから段階的に導かれたんだ。

—— それでも、実際の発見はその年に行われたのですよね？

たしかに。あれは私にとって非常に生産的な年だった。長いこと頭を悩ませていた多くの疑問に対する答えを発見できたからね。この年に初めて主要な5篇の論文を書いたんだが、それらは当時物理学でもっとも重要とされていた未解決の問題に関係するものだった。最初の論文は光の放射とエネルギーの特性について。ふたつめは、さっき話したように、原

子の大きさの測定方法について。三つめの論文では、液体に浮遊している1000分の1ミリメートルほどの小さな粒子の動きを観察することで、原子の運動を発見できることを示した。四つめは、特殊相対性理論について。そして、その年最後の論文は——実際のところ相対性理論の論文から当然引き出せる結論なんだが——エネルギーと質量が等価であることを示した短いものだった。

—— 最後の論文に $E = mc^2$ は載っているのですね？

そう、その通り。

—— アインシュタインさんの主な発見は、ほぼこの年に発表されたといっても間違いないですか？

主な発見はその年に実を結んだともいえるね。だけど、その年には一般相対性理論が含まれていない。それはずっとあと、1915年になってからだ。

── 光のエネルギー特性についての論文は、新たな光の理論を導いたのですか？

ある意味、そうだった。物質と放射の理論を扱う量子物理学の基礎を提供したからね。私はもともとマックス・プランクの新しい方程式を調べていたんだ。興味深い方程式でね、熱い物体の放射に関する悩ましい問題を説明するために考案されたものだった。プランクの仕事には胸を躍らされたよ。なぜって、型破りな方法でありながら、ある特殊な問題を解決したんだから。彼の研究は、放射は束あるいはまとまりでのみ放射吸収されることを示した──これがやがて放射の量子として知られるようになったものだった。

── 量子物理学でいうクオンタム（量子）ですね？

うん。だけど、プランクは量子が実在するとは考えていなかった。量子は、公式を成り立たせるために使われる数学上の産物でしかないと思い込んでいたんだ。そこで私は、熱い

物体からの放射だけじゃなく、どんな放射や光も、目には見えない量子から構成されていることを示して見せた。それから15年後、ほかの物理学者たちがこうしたアイディアをもとに量子物理学を発展させていったんだよ。

―― アインシュタインさん、1905年に書かれた論文のひとつに特殊相対性理論の論文があったとおっしゃいましたよね。それが、あの偉大な発見を初めて発表した有名な論文ですか？

そう、空間と時間そして光の速度の関係をようやく解明してね、すぐに書き上げたよ。

―― こんな短い時間で相対性理論を理解できるとは思いませんが、少なくとも、あなたがその論文のなかでどんなことを示したのかを教えてはいただけませんか？

では、簡潔に。相対性理論はニュートンの研究を延長したも

のなんだが、時間と空間に関する彼の概念は変えさせてもらった。ニュートンにとっての時間は、観測者がどのように動こうともすべての人にとって同じ速度で過ぎていくものだった。彼は宇宙はさまざまな出来事が繰り広げられる舞台のようなものであり、決して変化しないものと捉えていた。だけど相対性理論では、光の速度は一定だが空間と時間は一定ではなく、どちらも観測者の動きによって変化する。時間と空間を変化させるのは光の速度が一定だから。時間と空間が相対的なのは、このためなんだ。

—— 時間の流れる速度が変わるかもしれないということに関しては分かるような気がします。でも、自分の動きによって空間がどのように変わるのかについてはちょっと想像しにくいですね。

それは、物理的な時間の流れと、私たち誰もが経験する心理的な時間の経過を混同しているからなのかもしれない。相対性理論では、実際の物理学的な時間と空間は、観測者の運動

の仕方によって変化する。だけど、この運動っていうのは、人類が経験したことのない、ものすごく速いスピードでなければならないんだ。だから、時間や空間が変化するといわれても、なかなかピンとこないんだろう。

―― 1905年に書いた最後の論文は、$E = mc^2$ という公式に関する内容でしたよね。アインシュタインさんは相対性理論から当然引き出せる結果だったとおっしゃいましたが、それはなぜなのです？　それと、この公式は何を意味しているのですか？

光を放射している原子の相対的な運動について考えていたんだが、相対性理論の公式を用いたら、原子の質量は光を放射したあとで減少することが示された。この $E = mc^2$ という公式はつまり、エネルギーと質量は等価であり、特定の状況下において相互に変換しうるということを意味しているんだ。

―― アインシュタインさん、説明していただいた理論はと

ても刺激的でした。わずか1年のあいだに成し遂げた驚くべき発見の意味が少しずつ分かってきたように思います。このことについては、またのちほど詳しくお話をうかがいたいと思います。

喜んでお話ししましょう。

時間と空間の相対性理論
Of Time and Space : The Theory of Relativity

　アインシュタインのもっとも有名な発見として知られる相対性理論は、私たちが認識している空間と時間の概念を永遠に変えました。その論文は、驚異の年となる1905年に発表されるやいなや、世界の名高い物理学者たちの注目を一気に集めました。けれども、のちに特殊相対性理論と呼ばれるようになったこの理論は、私たちが日常で経験する感覚と相容れないところがあり、長いあいだ人々に理解してもらえませんでした。イギリスの科学者アーサー・エディントンは一度「この理論を理解している者はアインシュタインのほかに世界でふたりしかいないというのは本当ですか？」と尋ねられたことがありました。すると彼は冗談めかしてこう答えたそうです。「ぼくと、あともうひとりはいったい誰だろうね。」

―― アインシュタインさん、相対性理論をどのように発見したのですか？

何かを発見したからといって、それがいつだったのかと答えるのは難しいことだよ――思想というのは影響力の異なるさまざまな刺激を複雑に受けているものだからね。特殊相対性理論は1905年の5ヶ月間で書き上げたわけだけど、それをまとめるまでには10年かかった。16歳のときに、あるパラドックスに遭遇して以来、解決するための努力を続けていたんだ。そのパラドックスというのは、もし光の速度で光線を追いかけたとしたら観測者は何を見るのだろうかというもの。この疑問に対する最終的な答えには、特殊相対性理論の基盤となったふたつの仮説が必要だった。それが相対性原理と光速度不変の原理だ。

―― どうやら相対性理論を理解するには、そのふたつの原理を理解する必要がありそうですね。説明していただけますか？

では簡単に説明しよう。仮に私が寝台列車に乗っていて、列車は非常になめらかな線路の上を一定の速度で走っているとする。ここで石ころをひとつ落としてみると、石は真っ直ぐ下に落ちるように見えるよね。このとき列車のカーテンが閉まっていて窓の外が見えなかったとしたら、石の動きを見ただけでは、地球や静止しているものに対して列車が動いているのかどうかを知ることはできない。それだけじゃない。どんな実験を試みたとしても、この列車のなかで列車の動きを確認しようがない。列車が動いていようと停車していようと、すべてのものは同じように振る舞うからね。観測者が等速運動をしていても静止していても、同じ物理の法則が当てはまる。これが相対性原理だ。

—— 列車がどんな速度で走っていても同じですか？

そう、相対性原理は等速運動である限り、どんな運動状態にも当てはまる。ただし、加速したり曲がったりしてはだめだ。それから、等速運動の定義には速度ゼロ、つまり静止状態も

含まれている。静止しているのか運動しているのかは、座標系によって決まる。たとえば、あなたは椅子に座っているときは静止していると思うでしょう？ だけど、宇宙飛行士から見たら、あなたは時速1500キロメートルのスピードで地球と一緒に回転しているんだよ。だから静止も運動も相対的な概念であって、どちらにも等しく物理の法則が適応されるんだ。このことを理解するなり、私はたちまちパラドックスを解決できた。ここから、ふたつめの原理の話になるんだが。

—— はい、続けてお話をうかがいましょう。

光速度不変の原理はちょっと説明しにくい概念だけどね。ではもう一度、観測者が光線を追いかけている例を思い出してもらいたい。光と同じ速度で動いているとしたら、観測者は止まっている光の先端を見ることができるんじゃないかと考えられるよね。だけど、科学的実験だとかよく確立された理論によると、どうも光の波が止まるっていうのはありえないみたいなんだ。それに相対性原理によれば、一定の速度で移

動していても静止していても、観測者はまったく同じ現象を経験する。これってつまり、観測者はどんな場合も同じ光の速さを測定するっていうことでしょ。これが、私が出したパラドックスの答えだったんだ。要するに、光線の先端を見られる人はいない。どんなに速く移動しようとも、すべての観測者にとって光は同じ速度で移動するはずで、それは地球に対して静止している観測者にとっても同じことがいえる。このひらめきが、光速度不変の原理として知られるようになった。

—— アインシュタインさんは、ご自身の発見をひらめきと呼びましたが、そのひらめきというのはおそらく人々がもっとも理解に苦しんだアイディアのひとつだったと思うのですが。

直感的な概念じゃないからかな。直感的に分かりやすい例でいうと、こういうこと。たとえば、あなたが列車の乗客だとしよう。列車は時速40キロメートルで走っていて、あな

たは車両の後方から前方へと時速5キロメートルで歩いている。列車の外にいる人から見たら、あなたは時速45キロメートルで移動しているよね。だけど、光に関しては事情が違うんだ。あなたが走行中の列車車両の後方から前方に向けて光線を光らせたとしたら、その光、つまりあなたのランプが送っている量子は時速10億キロメートルもの速度で移動する。その速度を私はcと呼ぶよ。この場合、列車の外にいる人から見た光の速度は時速c＋40キロメートルではなくて、時速cキロメートルでしかないんだ。

── おや？ 光の場合だけどうして特別なのでしょう？ 列車の外にいる人から見た光の速度は時速c＋40キロメートルにならないのですか？ 乗客の速度は時速40＋5キロメートルだったのに。頭が混乱してきました。

混乱するのも無理はない。私だってこのアイディアを長いあいだ受け入れられなかったんだから。どう考えたって矛盾がある。だけど、1905年のある夜、友人のマイケル・ベッソ

と長い議論を交わしたあとにこの矛盾に対する解答が頭に浮かんだんだ。その夜、私はその問題に頭を抱えたまま家に帰ったんだが、翌朝に答えを得て、すぐさまベッソに伝えた。答えは時間の概念にあった。私は時間は絶対ではないことに気付いたんだ――時間は光の速度によって変わる。そのときはもう私の頭のなかはクリアだった。あなたがどんなふうに動こうとも光の速度は一定だけど、時間と空間は変化するんだ。時間も相対的なら空間も相対的。これが特殊相対性理論の要点だ。

―― 時間と空間はどのように変化するのですか？　そのアイディアはどうも日常経験からかけ離れているようですが。

日々の経験では、すべてが比較的遅い速度で動いているから、空間と時間の奇妙な振る舞いに気付かないんだ。じつは、時速40キロメートルで走行中の列車のなかを時速5キロメートルで歩いている乗客の速度を外にいる人が測定しても、厳密には時速45キロメートルにはならない。測定者が超高性

能の測定器を使用できたとしたら、測定した速度は時速45キロメートルよりもわずかに遅くなるんだ。およそ10兆分の1パーセントくらい。なぜそのような違いが生じるかというと、あなたが動いているあいだにも時間の流れが遅くなっていて、これが速度の測定値に影響を及ぼすからなんだ。だけど、私たちはこの差に気付くことができないから、ぴったり時速45キロメートルだと思うわけだ。

—— それなら、「アインシュタインさんの理論によれば、すべてのものは相対的だ」なんていう人がいるけれど、そうではないのですね？　時間と空間は相対的だけれど、光の速度は相対的ではなく一定だと。

まさにその通り！　空間と時間はあなたが動くと変化する。どちらも光の速度と関係していて、その光の速度がつねに一定に保たれるから時間と空間は変化するんだよ。相対性理論より以前は、ニュートンの理論があった。ニュートンは空間と時間は固定で、すべての速度は相対的だと考えていた。相

対性理論ではこれをひっくり返したんだ。

—— なるほど。全部理解したとまではいえませんが、相対性理論の内容が凄いということが分かりました。

理解というのは、最初は自分の身の回りの世界に対する認識から形成される。だけど、実際にはとてつもなく速い速度を体感するのは非現実的だし、私たちの感覚器官は相対性理論的な影響を感じ取れるほど敏感じゃないからね。さて、このテーマを終わりにする前に、もうひとつ面白い相対性原理の応用例を紹介しておこうかな。現在、私はドイツでは「ドイツの学者」、イギリスでは「スイスのユダヤ人」なんていうふうに呼ばれて親しまれている〔ドイツで生まれ、スイスの大学に通ったため〕。でもそうではなく、ドイツで「私はスイスのユダヤ人です」といい、イギリスで「私はドイツの学者です」なんていったら、きっと嫌われ者になってしまうだろう。

時間について
About Time

アインシュタインの特殊相対性理論によれば、時間はもはや誰にとっても同じ速度で流れてはいません。時間の流れは、あなたの動きに合わせて変化しているのです。けれども、この変化に気付くためには光の速度と同じくらい速く移動できなければならず、どんなに速い自動車を使っても、そこまで桁外れな速度に近づくことなど到底できません。ただ、原子よりさらに小さい粒子では少し事情が違ってきます。たとえば、標高1万メートルの場所で形成され、わずか数マイクロ秒で消滅してしまう粒子があります。この粒子は、崩壊するまでの短いあいだにたった600メートルしか移動することができないはずなのに、不思議なことに地表付近で発見されるのです。このパラドックスも相対性理論が解決しました。私たちの基準点からすると、私たちの時間はこの粒子の時間よりもゆっくり流れており、その結果、粒子の生存時間が長くなったというわけです。

―― 時間と空間が変化するというアイディアに話を戻したいのですが。たしか、アインシュタインさんは、高速で移動すると時間の流れが遅くなるとおっしゃいました。それなら、かなりの速さで移動できたとしたら、私の1日は長くなるのですか？

あなたの時計ではそうはならないよ。でも、私があなたの時計を見たら、私の部屋の時計よりも時間はゆっくり進んでいることになる。念を押していうけど、この現象は本当に起こるんだ。私やあなたの想像上の出来事ではなくてね。ところで、楽しくて充実した時間はあっというまに過ぎる。こんな感覚は誰もが経験したことがあるだろう。でも、これは心理的な現象であって物理的な現象とは違う。時間の流れにおける相対論的な変化は物理学的現象だから測定可能なんだ。実際に測定もされている。

―― この現象を複雑な計算なしに、あるいはまったく数学を使わずに理解することはできますか？

それなら「思考実験」を試してみよう。思考実験というのは、頭のなかで行う実験なんだけど、物理の法則には従わなければならない。ただ、数学はまったく使わないでいい。では、始めるよ。あなたが超高速の列車に乗っているところを想像して。列車は光の速度に近いスピードで走っている。この列車が一定の速度で走っているとすれば、列車内のすべてのものは、列車が停車しているときと同じように振る舞う。

——　それが相対性原理でしたよね？　等速運動と静止は区別できないという。

その通り、等速運動を確認する術はない。では、思考実験を続けよう。夜、この列車が相対論的スピードで走っているときに、車両のちょうど真ん中にある電球の明かりをつける。すると電球の光は同時に車両の前後に届く。

——　はい、それは分かります、アインシュタインさん。電球は車両の中央にあるので、その光は両方向に向かって同じ

距離を移動します。ですから、車両の前後に同時に到達しますね。

では、あなたが乗っている相対論的列車を私が列車の外から望遠鏡で見ているところを想像してください。私は、車両の窓越しに見える電球の光が移動していく様子を観察している。列車は走っている。ということは、電球に明かりがついたとき、私には車両の後部が電球があった場所に接近しているように見えるんだ。結果、車両の後方に向かう光は、車両の前方に向かう光よりも短い距離を移動することになる。車両の前方は実際にはさらに遠くに移動しているしね。

—— どうやら、私たちは同じ現象を同じようには捉えていないようですね。そういうことでしょうか？

うん。でも重要なのは、あなたから見たら同時に起きたふたつの出来事、つまりあなたが乗っている車両の前方と後方に光が同時に到達したという事実が、私にとっては同時に起き

ているようには見えないという事実を理解することだ。

—— これが、アインシュタインさんのいうところの時間は相対的だという例ですね？

ああ、でもそれだけじゃないんだ。簡単な具体例を挙げてみよう。列車のなかの電球は実際には天井から吊り下げられていて、列車の床にはちょうど電球の真下に光センサーがあるとしよう。電球の光がセンサーに到達すると、センサーがまた光を放つ仕組みだ。これが繰り返されれば、この装置を時計として使えるのが分かるかな。時計がチクタクと時を刻む代わりに、光がピカピカ光る。

—— ふたりの観測者に、それぞれ時間を計ってもらおうというのですね？　往復する光を数えて。

そう。あなたは列車のなかで観察する。天井の電球から真下にあるセンサーに向かって移動する光を見るだけだ。このと

き、光が移動する経路の長さは、天井の高さに等しい。だけど、私が見ているものはそれとは違う。光がセンサーに到達する頃には、センサーはいくらか前方に進んでいるからね。私が見る光の経路は、あなたが見る経路よりも長くなる。したがって、私の時計はゆっくり時を刻むというわけだ。いいかい、私たちはまったく同じ時計を扱っている。それなのに、あなたの時計は速く時を刻む。私を基準として動いているとき、あなたにとっての時間は速く流れるんだ。

―― アインシュタインさんは、これは実際の現象だとおっしゃいました。でも、それはさっきの時計装置に限られた現象なのでは？

いや、時計装置だけが特別なんじゃないよ。あなたの心臓だってよりゆっくりと脈を打つし、より長い時間をかけて代謝する。そして、よりゆっくり歳をとるんだ。

―― ある意味、タイムマシーンですね。しばらく高速の宇

宙船に乗っているだけで、戻ってくる頃には若くなっているのでしょう？

あなたが戻ったとき、親戚や友人は先に歳をとっているだろうね。うん、未来へのタイムマシーンといってもいい。

傑作
Masterpiece

　特殊相対性理論は一定の速度かつ直線的な運動（ガリレオはこれを等速直線運動と呼びました）にのみ当てはまります。特殊相対性理論を発表してまもなく、アインシュタインは、等速直線運動だけでなく加速度運動などのあらゆる運動を含むものに拡張した理論の構築に着手しました。彼の努力が実を結んだのは1915年。10年にわたり、粘り強く研究に取り組んだ末のことでした。その取り組みのなかで最新の数学を学ぶ必要があったときには、大学時代の友人で数学教授となったマルセル・グロスマンの助けを借りました。そうやって生まれたのが一般相対性理論でした。科学者たちが、かつて生み出された理論のなかでもっとも優れていると評したアインシュタインの傑作です。

―― アインシュタインさん、あなたの最高傑作といえば何ですか？

一般相対性理論だね。特殊相対性理論にあらゆる運動を盛り込んで一般化させた、世界の仕組みだ。

―― 特殊相対性理論を一般化したというのはどういうことですか？

特殊相対性理論を見れば分かると思うけど、この理論は適応される範囲が限られているんだ。だけど、自然の法則が等速運動の場合だけ不変でなければならないというのもおかしな話でしょう？　宇宙の法則は運動の種類に左右されない、まったく独立したものであるはずなのに。特殊相対性理論を発展させたあと、私はまさにこの問題に取り組み始めた。加速度運動も含めた理論に一般化しようってね。

―― 特殊相対性理論に加速度運動が含まれていなかったの

はなぜです？

特殊相対性理論の場合は、等速運動を測定するのは不可能であるという原理に基づいているからなんだ。等速運動はほかの基準点を参照しない限り確認することができないという話はさっきしたよね。だけど、加速度運動なら確認することができる。たとえば、乗っている列車が動き始めたり、カーブを曲がったり、停車したりすれば、車外の何かを基準点にしなくてもすぐにそうと分かる。加速度運動は相対的ではないから、特殊相対性理論に含むことができなかったんだ。加速度運動を取り入れて理論を一般化するのは、極めて難しかった。どこから手をつけたらいいのかも分からないくらいに。

—— なるほど。その難しさがようやく分かってきました。加速度運動を相対性理論に盛り込みたい。でも、加速度運動は相対的ではないから盛り込めない、ということですね。では、どうやってこの難局をクリアしたのですか？

私は、特定の条件下において、やはり検知できない別の特徴を探す必要があると考えた。それにはれっきとした動機があった。特殊相対性理論に加速度運動を盛り込んで拡張するには、必然的に重力を含むことになるだろうという考えがあったからね。重力の下での運動は加速度運動なんだ。あれは1907年、特殊相対性理論に関する包括的な論文の準備をしているときに、突如としてひらめいたことがあった。家の屋根から落ちている人は、自身の体重を感じない。つまり、重力を感じない。これは私の人生のなかでもっとも幸運をもたらした考えだった。この考えによって、私は重力もまた相対的であり観測者の運動状態に依存しているということに気付いたんだ。この発想が私を一般相対性理論へと突き動かしていった。

—— なるほど、重力もやはり相対的なのだという理由が分かりました。説明してくださったように、重力は地上にいる人には働くけれど、地上に向かって落下している人には働かないからですね。やはり検知できない別の特徴というのが重

力だったのですか？

重力だけではなく、加速全般だね。ひとつ例を挙げよう。ある科学者グループが宇宙船に乗って窓のない実験室で働いている。宇宙船はつねに1Gで加速している。このとき、宇宙船のなかにいる科学者たちは無重力状態ではない。地球上にいたときと同じ重力で床に押しつけられていると感じるからだ。科学者が何か物をひとつふたつ手放せば、それらの物はしばらく空間に浮いているがやがて実験室の床にぶつかる。実験室がそれらの物に向かって加速しているからだ。だが、宇宙船と共に移動している科学者たちを基準点とすると、これらの物は実験室の床に向かってちょうど1Gで加速していることになる。実験室が地球上にあるときと同じようにね。科学者たちは自分たちが1Gで加速しているのか、それとも地球上に戻っているのかを実験的に区別することはできない。物理の法則はどちらの場合も同じように働くからね。だから、加速と重力の影響は同じ現象といえるんだ。

—— もし宇宙船が3分の1Gで加速していれば、地球上にいるのではなくて加速しているのだと区別できるのではないですか？　違いますか？

そうだね。だけど、それを火星による重力の影響と区別することはできない。火星の重力は3分の1Gだからね。重力による加速の程度は、近くにある天体の質量に依存するんだ。

—— なるほど、アインシュタインさん、分かりました。重要なのは天体の重力ではなく、付近にある天体の重力による加速なのですね。

そう、宇宙船の加速度がどんな値をとろうとも、それを何かしらの天体による重力加速度と区別することはできないんだ。このひらめきにより、私は一般相対性理論への道を切り開いた。だけど、その道のりは予想より険しい道だった。なにしろ、空間は平たいとするユークリッド幾何学から離れて、空間は歪んでいるとする新しい幾何学へ移行しなければならな

かったから。空間が歪んでいるということは、つまり、光も重力場においては曲線的に伝播するということになる。だけど、この現象を観察するためには太陽によって作られるような強力な重力場が必要なんだ。それに、たとえ強力な重力場があったとしても、光の伝播を検知するためには非常に精巧な機器が必要になる。

—— 理論のなかで、宇宙の歪みはどのように導かれたのですか？

重力と加速度の等価性を考えたら分かるよ。では、加速している宇宙船内の実験室に話を戻そう。もし科学者たちが宇宙船の片側の穴から水平に入射する光線の軌跡を調べたとしたら、光の軌跡が曲がっていることが分かるんだが……ちょうどいい、この封筒の裏にちょっとイラストを描いてみるよ。

　小さな隕石が、加速している宇宙船を通り抜ける様子を想像すると考えやすいかもしれない。最初に、隕石が穴 A を通り抜けるとき、宇宙船はある位置にいる。その次の瞬間、

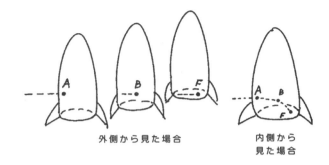

外側から見た場合　　　　　内側から
　　　　　　　　　　　　　見た場合

隕石がB地点までわずかな距離を進むとき、宇宙船はもとの位置から加速した分だけ進んでいるけれど、隕石はもとの軌道に沿って動き続けているよね。だから隕石の視点から見ると、宇宙船は隕石の方に向かって加速していているから、実験室の床が隕石にぶつかるように動いている。一方、宇宙船の床に立っている科学者たちの視点から見ると、隕石の軌道は曲がっていて、隕石がF地点の床にぶつかる。光線においても同様のことがいえるから、科学者たちは、光線が曲がって床にぶつかるように見えるんだ。加速度は重力と等価だから、重力もやっぱり光線を曲げるんだと結論づけることができる。この結論は、非常に重要だった。なぜかっていう

と、実際のところどうなのかを比較することができたからだ。

―― アインシュタインさんがイラストを描いてくださったので理解しやすかったです。では、光が曲がるという予測は立証されたのですね?

うん、この予測は1919年に遠征に出たイギリスの天文学者によって立証された。ただ、これを測定するのは一筋縄にはいかないんだ。というのも、地球の重力場に近い空間での歪みは非常に小さいからね。だけど、太陽の重力場なら原理的には測定可能な歪みを生じさせる。そこで私は、恒星からの光線が太陽の近くをかすめるように通過するときのわずかな偏差を計算した。星の光は日食のときに観察できる。そこでアーサー・エディントンは1919年の日食で恒星の光を測定するために西アフリカへ遠征したんだ。彼は私が算出した値とまったく同じ値を得たんだよ。

―― アインシュタインさんの発見によって、自然の法則が

どのように設計されているのかが示されたわけですね。もし遠征の結果が計算した値と違っていて、あなたの理論が間違っていたことが示されたとしたら、あなたは何とおっしゃったでしょう？

アーサー・エディントン氏にはすまないと思うよ。正しいのは私の理論だ。

量子理論と真実性
Quantum Theory and Reality

アインシュタインが驚異の年に書いた最初の論文は、1920年代初期にニールス・ボーア (1885-1962)、ヴェルナー・カール・ハイゼンベルク (1901-1976)、エルヴィーン・シュレーディンガー (1887-1961)、ポール・ディラック (1902-1984) らによってまとめられて量子理論が十分な発展を遂げるに至る、その長い道のりの始まりでした。ただ、アインシュタインは完全に量子物理学を受け入れていたわけではありません。量子物理学は確実性のない確率理論であり、彼は量子理論はやがて廃れていくと感じていたからです。こんにち、いくつかの実験により、量子理論はたしかに自然のありようを正しく説明することが示されています。けれども量子物理学を一般相対性理論に統合するには問題があるのもまた事実です。いつの日か、どちらか一方または両方の理論が、それらを統合させた、より完成度の高い理論によって取って代わられるかもしれません。

――アインシュタインさん、インタビューの冒頭で、あなたが1905年に書いた最初の論文は量子物理学のための基礎を提供したとおっしゃいましたよね。量子物理学とは何ですか?

量子物理学は原子、分子、素粒子、そして光などの振る舞いといった非常に小さなものを扱う物理学だ。反対に、一般相対性理論は石ころから惑星や銀河にいたる非常に大きなものを扱う物理学といえる。量子物理学が発展したのは、ニュートン物理学では説明することのできない物質と放射の振る舞いに関して、いくつかの重要な観察を説明する必要性があったからだった。ニュートン力学では原子レベルで辻褄の合わないことがあったんだ。その根本的な理由は、世界が連続的なものではなくて粒状のものでできていたということにあった。たとえば放射について考えるとき、あなたは放射が個々の非常に小さなエネルギーのまとまり、つまり量子から構成されているということが分かると思う。同じことが、物質についてもいえるんだ。原子や分子が相互に作用してエネ

ギーを吸収したり放出したりするとき、それらはエネルギーの量子という形で行われる。原子1個がエネルギーの量子半分を吸収することはできない。半分の量子なんてものは存在しないからね。ニュートン物理学は世界を連続的なものと捉えていたから、原子レベルでは成り立たなかったんだ。

―― それなら、量子物理学も相対性理論もニュートン物理学が間違っていることを示したのですね。

そうではない。ニュートン物理学が不完全であることを示したんだ。光よりも遅い速度で動いているような大きい物体なら、ニュートン物理学が依然として成り立つ。実際、量子物理学も相対性理論も、そういった大きさと速度の物体においてはニュートン物理学に近似する。だけど、どんな理論もいまだかつて完全に正しいと証明されたものはない。一般相対性理論だって、いつか、不完全であると示される可能性は十分にある。ただ、それに取って代わる理論は、同様のアプローチでもって相対性理論を含み、相対性理論を拡大させた

ものになるだろう。私が考えるに、量子物理学はなかなかの成功を見せてはいるが、それが正しいアプローチだとは思わない。

—— もし量子物理学が正しいアプローチでないなら、相対性理論に取って代わりうる理論はどこにあるのですか？

いまのところ、相対性理論に代わるほかの理論はないし、そのような理論を発展させるには長い年月がいるだろう。私は量子物理学が不完全であると考える少数派。ボーアやハイゼンベルク、ディラック、ボルンなど多くの偉大な物理学者たちは、私とは違う考えをもっているんだ。そのことについて誰かに問われれば、ボーアはこういうだろう。たとえいつか量子物理学がより包括的な理論によって取って代わられるとしても、その新しい理論はやっぱり量子物理学の確率的特徴を兼ね備えているだろうってね。私はこれに反対なんだが。

—— もしアインシュタインさんがおっしゃっていることを

私が理解できているとすれば、あなたが反論しているのは量子物理学の確率的な特徴ですよね。具体的に、確率的な特徴というのはどういうことでしょうか？

量子物理学は、原子やその構造物だけじゃなく、この時空に存在するどんな物理的実体も数学的に表現しない。量子物理学では、あくまで、それらの粒子が特定の場所、特定の運動状態のときに見つけられる可能性を求めるに過ぎない。この理論の構成に反論するつもりはないし、この理論が大きな成功を収めたことも認める。だけど、量子物理学の理論では、ある物体について知りたいと思うすべてのことを一度に知ることができないんだよ。電子の存在する場所とその運動速度は同時に知りえないし、電子が何であるのかということさえ求めてはならないんだ。量子物理学においては、こういった質問に意味はない。ただ、求めたければ、ある特定の場所に電子を見つけられる可能性を算出することは可能だというだけで。もし量子物理学が正しければ、過去についても未来についても確かなことは何ひとつ知ることができないし、まし

て宇宙の未来を予測するなんてもってのほか。私はこれが受け入れらないんだ。量子物理学の理論は、たしかに多くのことを教えてはくれる。でも、それが本当に神の秘密を明らかにするとは思えない。とにかく、神はサイコロを振ったりなんかしないんだよ。量子物理学は世界を一時的に理解することしかできない。いつかは、物体が存在する確率ではなく、物体そのものの存在を表すような現実のモデルが発達すると私は考えている。

方程式
The Equation

　アインシュタインは、特殊相対性理論の論文を完成させた数ヶ月後に、かの有名な $E = mc^2$ の方程式を発見しました。驚異の年の最後を飾ったのはこの見事な3ページの論文でした。相対性理論の帰結として得たこの方程式により、アインシュタインはエネルギーに質量があること、続いて質量にもエネルギーがあることを示すことができました。「これは、驚くべき結果だ」と彼は当時記しています。しかし、この方程式が本当に正しいのか、アインシュタインは絶対的な確信をもてませんでした。発表から数週間後には、親友のコンラッド・ハビヒトにこんな手紙を書いています。「この理論は興味深くて素晴らしい。だが、ひょっとしたら神は笑って私に一杯食わせたのかもしれない。」

―― アインシュタインさん、この辺りでかの有名な $E=mc^2$ の方程式に話を向けたいと思います。あなたはさっき、この方程式はエネルギーと質量が等価であり、エネルギーを質量に、質量をエネルギーに換えることができるとおっしゃいました。その例をお話ししていただけますか？

この方程式は、物体の質量はエネルギーの一形態であるということを表している。ごく普通の磁石がふたつあれば簡単に説明できるよ。たとえば、あなたがふたつの磁石を手にもっているとしよう。N極とS極が向かい合うように磁石を近づけたら、磁石はあなたの手を引き寄せる。このとき、引き寄せるために必要なエネルギーは、ふたつの磁石の質量の一部がエネルギーに変換されたものなんだ。もし非常に精密な秤があったとしたら、ふたつの磁石の重さは離れていたときよりもくっついているときの方がわずかに少ないということが分かるだろう。実際の値は、$E=mc^2$ の方程式から算出できる。放出される磁石内のエネルギー（E）は、失われた分の質量（m）×光速（c）の2乗だ。光速は秒速約30万キロメー

トルと非常に大きい数字だから、磁石からほんのわずかな質量が失われただけでも、相当大きなエネルギーになる。

―― 物質がそれほど大きなエネルギーを含んでいるというのに、どうしてこの現象に気付かなかったのですか？

たとえば核反応に見られるような、大きなエネルギーを放出するためのメカニズムがまだ発見されていなかったからなんだ。十分なエネルギーが放出されない限り、そのエネルギーを測定することはできないからね。いってみれば、たとえ大富豪でも、お金をほとんど使わなければ誰もその人がお金持ちだということに気付けないのに似ているかな。この方程式は、相対性理論を駆使して理論的に推測しなければ求められなかった。

―― $E = mc^2$の方程式が、どうやって原子爆弾の製造を可能にしたのですか？

宇宙の本質を探求するなかで発見された理論的・実験的発見が爆弾の製造に利用されたものは数多くあって、この方程式もそのひとつだった。放射性崩壊では1個の原子が2個の原子に分割するんだが、その際に比較的大きな量のエネルギーが放出される。この方程式そのものが示しているのは、どのように原子を分割するのかということじゃない。放射性崩壊のプロセスを説明するのに、例の大富豪の男の例を使おう。いいかい、2個のパーツに分割される前の原子を、巨額の富を隠しもっているお金持ちにたとえるよ。彼は、自分が死んだら遺産をそっくりふたりの子どもに分け与えることにした。ただし、ふたりが遺産の一部を社会に寄付するという条件付きでね。ふたりの子どもたちが手にするお金はどちらも、父親の全財産よりも少ないということになる。だけど、なにせ父親は大富豪だ。遺産の一部をわずかに寄付したとしても、それは間違いなく、地域社会を動揺させるくらいの大金だろう。

―― この方程式がなかったら、原爆は作られなかったので

しょうか?

そう。でもほかにも量子力学と原子物理学が必要だ。これらの学問は、この方程式が発表されたあとに発達した。

—— アインシュタインさん、この方程式はほかのことにも応用されていますか?

核医学〔放射能を含んだ薬剤を用いて検査や治療をする医学分野〕でのいろんな発見は、直接的な応用例といえる。あと、この方程式は、何百万トンもの水素が毎秒太陽の中心部で圧縮されていて、その質量の一部がエネルギーに変換されて地球上の生命維持を可能にしていることも説明しているよ。

原子爆弾
The Bomb

「拝啓　いくつかの最近の研究によりますと……近い未来、ウラン元素が重要な新エネルギー源になるかもしれないと予測されております。」これは、アインシュタインが1939年にアメリカのルーズヴェルト大統領宛てに送った手紙の冒頭です。アインシュタインは、この手紙で、ナチスドイツよりも先に原子爆弾を開発すべきだと大統領に警告したのです。結果的にはほかの政治的理由からマンハッタン計画が発足して世界初の核兵器が開発されたのですが、アインシュタインは後にこの手紙を書いたことを深く後悔しました。彼はナチスの脅威にさらされるまでは平和主義者でしたが、第二次世界大戦中は戦闘的平和主義者になり、兵器の設計や爆発物の威力に関するさまざまな問題において、アメリカ海軍の相談役を務めました。戦後は原点回帰し、より強く平和主義を唱えました。

── アインシュタインさん、いまとなっては有名ですが、ルーズヴェルト大統領宛てに手紙を書きましたよね。もし原子爆弾がどのように使用されるのかをあらかじめ知っていたとしても、やはりあの手紙を書きましたか？

それは私にとって厳しい質問だ。いまは、あの手紙を書いたのは大きな過ちだったと思っている。もちろん、当時は手紙を書く正当な理由があったんだが。ナチスが原子爆弾を最初に開発してしまうんじゃないかと恐れたんだ。ヒトラーの脅威があまりにも恐ろしくて、私は平和主義を貫き通せなかった。

── 手紙はいつどのようにして書かれたのですか？

1939年の6月に、物理学者のレオ・シザードがプリンストンの私の家にやってきて、大量のウラン鉱石を有するベルギーを、ドイツがいまにも侵略しそうだという知らせをもってきたんだ。その頃には私たちもウランが核分裂性であるこ

とを知っていたから、時間と資金さえあれば強力な核兵器を作ることができることも分かっていた。シザードは最初、私の友人でもあるベルギーのエリザベス女王に手紙を書いてほしいと頼んできた。由々しき事態であることを知った私はすぐに同意して、数日のうちに手紙の下書きをシザードに渡した。すると彼は物理学者のエドワード・テラーと一緒に戻ってきて、新たに書いた下書きを私に見せた。今度は、ルーズヴェルト大統領宛ての手紙だった。だけど私はシラードが書いてきた下書きが気に入らなかったから、テラーに別の下書きを書き取らせることにした。シラードはその後2種類の手紙を書いてよこし、私の承認を求めた。私は両方にサインをした。そして長い方の手紙が10月に大統領に送られたんだ。

―― 原子爆弾を作ったマンハッタン計画には荷担していなかったのですね？　参加するように頼まれなかったのですか？

私が爆弾の製造に関与したのは、大統領宛ての手紙を書いた

ところで終わった。手紙が送られてもすぐに迅速(じんそく)な処置がとられたわけじゃなくて、この問題を検討するための委員会が発足したんだ。大統領には、その委員会の一員として働かないかと聞かれたが、私は断った。パールハーバー襲撃の直後にマンハッタン計画が立てられたときは、参加を求められなかった。もし誘われていたとしても断っていただろうけどね。

—— さっき、アインシュタインさんが平和主義を貫き通せなかったのはナチスの脅威のためだったとおっしゃいました。第二次世界大戦が終結してからは、また平和主義に戻ったのですか？

ああ。私の平和主義的感情は知識から得たものじゃなく、生まれながらにもっている感情なんだ。私が思うに、戦争で人を殺すことは、人殺しと何ら変わりない。第二次世界大戦以前は、私自身どんな形であっても戦争には関わりたくないと主張していたし、どんな戦争に対しても自分と同じように考えてほしいと友人に説得を試みたものだった。当時、私

は信じていたんだ。もしも戦争を呼びかけている人々のほんの2パーセントが、良心的徴兵忌避者であると宣言し、あらゆる争いごとは平和的に解決されるべきだと求めれば戦争はなくなると。それはもちろん、ヒトラーが台頭する前のことだったけどね。ナチスが原爆の製造に成功しないと分かっていたら、私は決して大統領宛ての手紙に署名することはなかった。戦争が終わると、私はすぐにもとの平和思想に戻って、たびたび核兵器拡大に反対する抗議を行った。私は熱心な平和主義者だが、絶対的な平和主義者ではない——それはつまり、いかなる状況下においても武力行使は反対だが、人命破壊だけを目的とするような敵に直面したときはその限りではないということだ。

—— ひとたび核兵器の作り方を知ってしまったら、もう後戻りはできません——もう、取り返しのつかない状況に陥ってしまっているのです。ほかの国々に原子爆弾を所有させないようにするために、私たちはどうしたらよいのでしょう？ おそらく何もできないだろうね。変えなければならないのは

超大国のポリシーだ。先の世界大戦で私たちは、倫理的に低次元な敵国の恥ずべき行為に耐えることを余儀なくされた。ナチスは一般市民が集まる場所を爆撃するようになり、日本人も当時は同じことをした。その結果、連合国は同様のやり方で、さらにより効果的に応戦しなければならなかった。では、戦争が終わってからはどうか。本来ならば人命の尊厳や罪のない一般市民の安全を改めて確保するべきなのに、私たちは現在各地で起きている紛争のなかで、相も変わらず低次元で卑劣な行為をし続けている。こんなポリシーからは敵愾心しか生まれないし、戦争の危機を高めるだけだ。第三次世界大戦がどのような戦いになるかは分からないが、第四次世界大戦なら分かる――人々は石を使って戦うことになるだろうね〔第三次世界大戦は人類文明を崩壊させるほどの戦いになるだろうと危惧している〕。

―― 一部の国が核兵器を所有することは正当化できますか？

いまはアメリカ合衆国などの先進工業国は核兵器を所有しているが、それを抑止力としてのみ使用することには賛成している。これは正しいポリシーだと私は思う。だけど勝手に核兵器を所有しながら使用しないと約束もせず、敵に恐怖心を抱かせようというのは、政治的目的においては間違っている。

—— 人類はこの原子力時代を生き延びることができると思いますか？

原子力の発見が世界の破滅をもたらすわけではない。人類が火を発見したからといって世界が破滅していないのと同じようにね。核兵器の誤用や拡散を防止するために私たちが手を尽くせば、人類は生き延びるだろう。もしそういった努力がことごとく失敗に終われば人類は自らを滅ぼすだろうが、この宇宙の何ひとつとして人類のために同情の涙を流すことはないだろう。

やり残した仕事
Unfinished Business

「過去2年間の絶え間ない研究の末、とうとう本当の答えを見つけたようだ。」1925年、アインシュタインは新たな統一場理論についてこう記しています。統一場理論とは、自然界のあらゆる力をひとつの理論で網羅しようというものです。興奮ぎみに手応えを記したアインシュタインでしたが、喜ぶのは時期尚早でした。あとになってより注意深く考察したところ、真の答えは手に入れていなかったと自ら認めています。アインシュタインは人生の残り30年間、この統一場の問題の研究にひたすら取り組むのでした。1955年、4月17日の日曜日。先の水曜日は動脈瘤（りゅう）で苦しい思いをしたアインシュタインでしたが、この日はいくらか気分がよく、ノートが欲しいと頼んで計算を続けました。息を引き取ったのは、その数時間後、月曜日の午前1時のことでした。

―― アインシュタインさん、こんな発見をしてみたかった、でも実現できなかったというものはありますか?

すべての場を統一するための研究、すなわち宇宙の性質を説明することのできる唯一の理論を追究することが私の生涯にわたる目的だった。私は、そんなふうに統一される日がいつの日かやって来ると確信している。なぜかといえば、自然の働きが、相互関係をもたない個別の場の上に成り立っているなんていうアイディアは受け入れがたいからだ。電磁気現象も重力も物質も、統一場理論から自然と成立するはずなんだ。

―― 統一場理論の重要性がいまひとつ理解できていないみたいです。なぜ、いろいろな場が統一されなければならないのでしょうか? 自然は異なる場をもっていてはいけないのですか?

独立した場の理論はそれ自体では不完全だ。さらにいうと、物理の理論は互いにわずかな矛盾を孕んでいる。歴史的には、

別々の理論が統一されたときは決まって、そういった矛盾が解決されてきた。たとえば、相対性原理を踏まえてマクスウェルの電磁気学を再定式化したときは、ニュートン物理学にあった絶対運動をめぐる矛盾が解消されたしね。量子物理学と一般相対性理論は、同時に扱おうとすると矛盾が生じる。どちらも正しいということはないから、ふたつを融合するひとつの理論がその矛盾を解決するはずなんだ。いまはいくつかの場が存在するけど、それらは単一で矛盾のない統一場によって説明できると信じている。私はそれを発見したい。

—— そうなったら、私たちは自然の仕組みをすべて知ることになるのですね。

ひとつひとつの細かなことすべてというわけではないが、大まかにいうと、そういうことになる。重力を重力たらしめる理由だとか、電子や陽子のさまざまな特徴がどこに由来するのか、また、それらが互いを引き寄せ合ったり退けたりする仕組みなんかを知ることになるだろう。自然界でのあらゆる

相互関係を理解し、それらがどのようにこの世界で観察できる現象を可能にしているのかも理解できるようになるだろうね。

―― アインシュタインさんのアプローチについて少し聞かせてもらえますか？

ざっくりいうと私のアイディアは、一般相対性理論を拡張し、ほかのすべての場を統合することによって、あらゆる事柄を含む純粋な幾何学理論を構築することだ。たとえば、電子のような質点は、時空にわずかな歪みしかもたらさない。ちょうど一枚の布きれにある小さなしわみたいにね。量子力学では、電子は空間で広がっていくとされているが、私は、どうしたら電子がひとつの粒子の点でいられるのかという問題を解決できる理論を考えた。このアプローチを使って最初に統一場理論を組み立てたとき、私はある特徴を発見したんだけど、そのときはよく理解できていなかったんだ。予測していたのは、電子と陽子の鏡像体粒子の存在だった。数年後、

ディラックもそういった鏡像体粒子の存在を別のアプローチを使って予測した。そして、まもなく発見したんだ。いまでは反物質として知られているものをね。自分の理論でこんな重要な点を理解していなかったのは、私が犯した大失態のひとつだった。

―― ということは、アインシュタインさんの最初のアプローチは正しかったのですか？

いいや。反物質の存在を正しく予測してはいても、電子や陽子の質量と電荷を予測していなかったから正しかったとはいえない。ただ、それから何年か、ほかにもいろいろな検討を重ねた末、この最初のアプローチに立ち戻ってそれを拡張した。以来、ずっとこの試みに取り組み続けているんだ。結果的に私にとって最初の試みは、私にとって最後の試みとなったわけだが、結局未だに完成されていない。

―― 新しい理論が完成されたとしたら、それはアインシュ

タインさんの理論に基づくものと思いますか？

そう信じている。だけど、同僚は賛成していない。最近の物理学における発展を見ると、私の取り組みは時代遅れに見えるらしい。私の取り組みには量子定数が含まれていないからね。だけど、近年の物理学における統計の流行りが過ぎ去って、私が正しいと信じている決定論的な考えに立ち戻るときがきたら、私の理論は物理学を完全に統一するためのスタート地点になるだろうと思っている。何より興味深いのは、神は違う世界を創ることもできたのかということ。いいかえれば、理論的単純化を求めていけば、そこには不確定要素が存在する余地はないのではないかということだ。でも、これに関しては私の考え方は間違っているかもしれないな。神はいたずら好きかもしれないし。まあ、そんなことは誰にも分かりっこないんだけど。

イメージによる思考
Thinking with Images

　アインシュタインの共同研究者で物理学者のバネシュ・ホフマンは、アインシュタインと一緒に仕事をしたときの様子を書き残しています。1937年、ホフマンとレオポルト・インフェルトは、偉大なる男アインシュタインと共に、一般相対性理論を拡張して電磁学との統一を試みていました。ホフマンが著した信頼性の高い伝記のなかでは、こんなふうに記されています――ぼくらが研究で壁に直面したとき、アインシュタインはすっくと立ち上がって、ちょっと考えてみると宣言しました。それから、豊かな髪を指先に絡ませながら、部屋中を数分間うろうろ歩き回りました。すると突然、彼の表情が明るくなり、笑顔でぼくらに解決法を示して見せたのです――アインシュタインの脳の奥深くでは、いったいどのようなプロセスが進行していたのでしょうか？

―― アインシュタインさんは理論的物理学者として科学に大きな貢献を果たされましたが、それらはいずれも思考することによって達成されました。アインシュタインさんご自身は、そういう考え方を意識しているのですか？　脳のどこかに特別な場所があって、数々の発見を実現させたのでしょうか？

その質問には答えられないな。でも、質問されたことでちょっと興味が沸いてきたから、説明するだけしてみようか。ただし、その答えが正しいかどうかは、私を含め誰にも分からない。そのことは、はっきり断っておくよ。私の考え方というのは、精神が集中して特別な発展を遂げた結果だと思っている。その対象となるのは、一時的で個人的な問題もあれば自然について感じたこともある。

―― アインシュタインさんの場合、その発展というのは導かれるものですか？　それとも偶然生じるものですか？

私に与えられた環境と、私が進みたい方向性が、相互に作用して成されるものではなかと思う。人はある能力をもって生まれ、環境はさまざまな情報を提供する。そのなかで、人は何かを選択していくんだ。

—— アインシュタインさんの場合は、そのように発展が促されて特殊な考え方につながったのですね。

それは、あくまで私の考え方につながったということだ。

—— その考え方というのが、どういうものなのかうかがってもよろしいですか？

私はよく記念写真みたいな感じで物事を考えるんだ。感覚的な刺激を受けて、頭のなかにイメージが形成されるんだけど、そんなふうに作られたイメージは、まだ思考とは呼べない。たとえ、ひとつのイメージが別のイメージを形成し、それが第3、第4といったイメージを形成していくとしてもね。

本当の思考というのは、そういったイメージの回帰が、さまざまな環境のなかでひとつの概念に発展したときだけ起きる——つまり、雑多なイメージを法則化して抽象概念を作り出すということだ。子どもが実際にいろんな液体をこぼしたり飲んだりするといった経験を重ねて、「液体」の概念を形成していくようにね。ただ、ここで注意しなければならないのは、すべての概念がイメージから形成されているわけではないということ。たとえば「真実」という概念は、いまいった例では説明できない。この概念は、物事の道理を会得することによってのみ形成される。

—— 思考の形成における言語の役割をどのように考えますか？

概念を言葉で表現する必要はないと思う。もちろん、言葉で表せば思考を人に伝えることが可能になる。だけど、私にいわせれば、言葉を使わなくても思考できるというのは火を見るよりも明らかだ。そうでなければ、時々無意識に「おや？」

と思うようなことが誰にでも起こったりしないだろう？　私たちは、すでに受け入れているさまざまな概念に矛盾するような経験をすると疑問に思うものだ。もし、その程度が十分に大きければ、それは私たちの概念という世界に影響を及ぼして、やがてその世界の一部にもなりえる。このように、ひっきりなしに訪れる矛盾を処理していくうちに、思考の世界は成長するのだ。私はこのような疑問に思う気持ちを4歳か5歳くらいのときに経験した。私は父から方位磁針をもらい、その針の動きにたいへん興味をもったんだ。針の動きは、私の概念の世界に当てはまらなかった。私は最終的にこの疑問を解決し、概念の世界を発達させた。

―― そういったイメージは、アインシュタインさんが自身の理論を発展させていく段階で重要な役割を果たすのですか？

初期の段階ではね。たとえば、特殊相対性理論の発展は、もし私が光と同じ速度で光を追いかけたら何が起きるのだろう

かと想像しようとしたときに始まった。静止している光の波を観察できるんじゃないかって。でもね、マクスウェルの電磁気学——電磁気学というのは光の振る舞いを支配するものについての学問なんだけど——それを勉強するにつれ、物理学では光は静止しないということを知った。私の頭のなかで矛盾が生じた。その矛盾を解く鍵は、特殊相対性理論の発展という形で10年後に訪れたんだ。

—— ということは、方位磁針の例では、アインシュタインさんは磁気作用を学ぶことで矛盾を解決して思考の世界に加えた。でも、光線の例では、その矛盾を解く説明が存在しなかったから自分で発展させなければならなかった。この矛盾の解決法が相対性理論を生んだ。ということで、間違いないでしょうか？

うん、なかなかよくまとまっているよ。

信仰
Religious Beliefs

　アルベルト・アインシュタインは、自分は信仰深い人だといいました。けれども、彼の宗教的世界観というのは一般的な宗教とは内容を異にするものでした。その世界観は、宗教と科学の関係について彼が書いたいくつかのエッセイのなかに表現されています。また、友人やファンのなかには、神や礼拝や宗教に関してアインシュタインに見解を求めてくる人たちがいたので、そういった人たちに宛てた手紙のなかでも彼の宗教的信念が論じられています。アインシュタインの風変わりで、ときにユーモラスな回答は、多くの本に引用されています。特に神に関する引用に関しては、その人その人の宗教的思想などにより誤って解釈されることがよくあります。けれどもアインシュタイン本人は、自分が何を信じ、神が何であるかということについてぶれることはなく、つねに明確でした。

―― アインシュタインさんは、私たちの会話のなかで何度か、神は宇宙の創造主だとおっしゃいました。神を信じているのですか?

私は、この世に見られる規則正しい調和こそ、神の現れであると信じている。だけど、神が運命や人間の行動に関与しているとは思っていない。私はあくまで、自然の法則のなかに、人間よりも遙かに優れた神が存在していると信じているんだ。そして、その存在を目の前にすれば、人は自分たちの力のなさを痛感し畏れを抱くものだと考えている。私は、善い行いをすれば褒め、悪い行いをすれば戒めるような人格神を信じない。このような考えは子どもじみていると思っている。

―― ということは、その優れた神が宇宙を創造したということですか?

そう。遙かに優れた神が、宇宙とその法則を創ったとね。私は研究を通じて、神の世界に存在する、見事で謎に満ちた構

造物を垣間見て満足しているんだ。

―― でも、人格神を信じていないなら、信仰深い人とはいえないのでは？

いや、むしろ非常に信仰深いといえるよ。だけど、特定の宗教は信じていないし、どの宗教組織にも属していない。不老不死なんていうのも信じていない。私の信仰は、自然界のとてつもなく優れた調和と美しさの存在に気付くことにある。私にとって、信仰深いということは、自然の謎を発見するにあたり深い感慨を受け、宇宙の創造主を大いに賛美するということを意味する。これは、世界各国の宗教団体によって行われているような教化運動とはかけ離れたもので、教化は私の意味するところの信仰深くあることとは対極にあるんだ。

―― なぜ人格神は子どもじみていると思うのですか？

人格神というのは古代の考えだからだよ。それは人類が発展

させた宗教の初期段階で、原始的な社会が直面した恐怖心——たとえば、空腹や病気、野生動物、そして死といったもの——をやわらげるために作られた。そして、まだ初期段階の頃に宗教はさらに発展した。人は褒美や罰を与えてくれるような神の愛や教えを欲したんだ。天国と地獄の発想が生まれたのもこの頃になる。善行を褒め、悪行を戒める神は、人の要素をもった擬人観的神であり、私はこういった考えを原始的で子どもじみていると思う。

—— 人格神を信じないなら無神論者だろうとか、自然を神と呼ぶなら実際は汎神論者ではないかと主張する人たちがいます。こういった人たちに対して、アインシュタインさんはなんとお答えになりますか？

私はそのどちらでもない。私は宇宙の創造主はひとりだと信じている。私の信仰の由来は、子どもが生まれて初めて巨大な図書館に足を踏み入れたときの発見に似ている。子どもは、それらの本から得られる膨大な情報に驚愕する。本に書か

れている内容のすべては理解できない。だけど、誰かがそれらの本を書いたのだということは分かる。これに似たような感情は、たとえ非常に高い教養や優れた知力の持ち主でも抱くものなんだ。自然の法則に見られる一貫性や秩序を発見したときなんかにね。それらの法則を理解していないかもしれないが、それでも誰かがそれらの法則を創造したんだということは分かる。このような素晴らしい調和を創造した者への畏怖の念だとか敬意といったものを、私は宇宙的宗教と呼び、宗教心のなかでももっとも進んだ発展段階のものだと考えている。

―― その宗教と科学は両立するのですか？

自然界での出来事はすべて神によるものと捉える独善的で組織だった宗教は、私にいわせれば科学の合理性と矛盾する。科学には、さっきいったような恐怖をやわらげるための原始的な宗教は不要なんだ。その点、宇宙的宗教は教義や人格神のない宗教心だから科学と矛盾しない。私は宇宙的宗教と科

学はお互いに補完していると思う。さらにいえば、科学者や芸術家にもっとも重要なのは、この宇宙的宗教に気付き、その宗教心をもち続けることだ。実際、宇宙的宗教心は、科学的研究を行うにあたってもっとも強くて崇高なモチベーションになると信じている。

父と息子たち
Father and Sons

　アインシュタインと最初の妻ミレヴァには3人の子どもがいました。結婚する前に生まれたリーゼルという名前の娘がひとりと、ハンス・アルベルトとエドゥアルトという息子がふたりです。ハンス・アルベルトはバークレー大学の教授になりました。エドゥアルトは才能に恵まれた少年でしたが、23歳で精神分裂症を発症し、それ以後は残りの人生を精神病院で過ごしました。リーゼルの生涯については知られていませんが、養子になった可能性が高いと考えられています。アインシュタインは愛情深い人でしたが、多忙で、家にいるときでさえ仕事をしていました。アインシュタインとミレヴァが1914年に離婚したあと、アインシュタインと息子たちとの関係は、うまくいったりいかなかったりの繰り返しでした。

—— アインシュタインさん、これまであなたの研究や戦争、原子爆弾に対する考えなどについてお話をうかがってきました。この辺りで、アインシュタインさんの人生を別の角度から見つめてみたいと思います。私生活について、少しお聞かせいただいても構わないでしょうか？

私に関しては、ちょっとした発言も、トランペットの独奏者みたいに目立って取り上げられてしまう。だけど、実際の私と人々が考える私とでは、相当かけ離れているんだよ。まあ、私のように世間の注目にさらされるような不運な人の人生が、大衆の興味の的になることはある程度いたしかたないとは思うけど。そういうわけで、あなたの質問に答えようと思う。抵抗がないわけではないがね。

—— 分かりました。どうもありがとうございます。では、お子さんについてお聞かせください。あなたの跡を継いだお子さんはいらっしゃいますか？

いや。どの子も物理学者にはならなかったよ。ただ、ハンス・アルベルトはバークレー大学で水力工学の教授にはなった。彼は素晴らしい知性をもっていたし、立派な物理学者になれただろうけど、親は子の職業を選べるわけじゃないから。

―― ほかのお子さんは？

エドゥアルトは健康状態に問題があって、才能を十分に伸ばせなかった。彼も優れた能力をもっていたし、かなり幼いときから自分で文字を読めるようになった。5歳のときにはもうかけ算も割り算もしていたしね。ただ、精神的な問題があって、医学や科学の分野で輝かしい活躍を見せられなかった。

―― アインシュタインさんは非常に忙しくしていましたから、仕事と家族の両立は難しかったのでは？

ああ、それは科学を生涯の仕事にしたことで、もっとも悔や

まれる結末だよ。ハンス・アルベルトが生まれたのは、あの1905年に行った一連の研究に着手するちょっと前だった。あるとき、妻にしかられたことがあったな。ノートで何かの計算をしながら、赤ん坊のアルベルトを膝の上で揺らしているところを見つかったんだ。アルベルトは気にしているようには思わなかったけど。

── お子さんたちは、あなたから数学の特別指導を受けましたか？　宿題を手伝ってもらったり？

アルベルトに数学を教えてやりたかったが、彼とは離れて暮らしていたから教えてやれなかった。彼は、私が同じ年頃のときと同じように、幾何学の味を占めた。そのことは、ずっと嬉しく思っていた。母親からは問題を出してもらったりして指導を受けていたね。宿題を手伝ったかって？　子どもたちは、自分でどうにかできるくらい優秀だったよ。

── ハンス・アルベルトさんは、あなたと同じように教授

になったとおっしゃいましたよね？　彼とは仲がよかったですか？

共に過ごした平穏な時間はわずかで短かった。私がベルリンにいたときは、ふたりでハイキングに出かけたり、セールボートに乗ったりしたし、お互いに興味のあるアクティビティをする機会はあった。だけど、彼が大きくなると、戦争や仕事のために私たちは引き離されてしまった。私は彼と一緒に暮うしたいと切望したが、そのようなときはついに訪れなかった。ただ、息子は私の性格のもっとも目ぼしい特徴を受け継いでいたから、その喜びをせめてもの慰_{なぐさ}めにした。その特徴というのは、個人的なことを超えた目標のために長い年月を捧げることに、存在価値を見い出せることだ。

アインシュタインと関わった女性たち
Einstein's Women

アインシュタインが2歳のときに、妹のマヤが生まれました。幼いアルベルトは、生まれた赤ちゃんを新しいおもちゃだと思い、車輪はどこにあるのと母親に尋ねたといいます。マヤは1951年、プリンストンにある兄の家で息を引き取りました。彼女は、ナチスから逃れてアメリカに渡り、その2年後の1939年にアインシュタインの家に引っ越して来たのでした。アインシュタインはそれまで愛する者たちが死んでも悲しみを露わにしませんでしたが、マヤが亡くなったあとは「妹の死が、こんなにも辛いとは想像もしていなかった」と友人に話したそうです。

アインシュタインは2回結婚しました。一度目の相手ミレヴァ・マリッチは、憂うつな性質の、何かと問題を抱えることの多い人でした。ミレヴァは、セルビアからやってきた物理学者で、アインシュタインのチューリッヒ時代のクラスメイトでした。再婚は彼が40代のときで、相手はいとこのエルザ・レーベンタールでした。

── アインシュタインさん、兄弟姉妹はいましたか？

ひとり、可愛い妹のマヤがいたよ。

── 仲はよかったのですか？

うん。私たちはとても仲がよかった。ミュンヘンで一緒に育ったし、生涯を通じて、一緒にいるときはいつだって楽しかったよ。彼女は最後の12年間を、プリンストンにいる私たちの家で過ごした。マヤの病気が悪くなっていくあいだも知力はずいぶんしっかりしていたから、私は毎晩本を読んで聞かせてあげたんだよ。彼女の死は、ストイックに受け入れなければならなかった。静かな宇宙存在としての神が、こうした出来事を一層辛いものにしているのだから。マヤは私にとってずっと腹心の友だった。大学時代に私が最初の妻ミレヴァと恋愛し、両親が私たちの付き合いを激しく、そして結果的には正しく反対していたときも。私の母はとりわけそのことで苦しんだけれど。

―― アインシュタインさんが小さいとき、お母さんは非常に厳しかったのですか？

母は法外に厳しいというわけではなかった。でも、子どもたちの教育にはとても熱心だった。なかでも意欲的に教育を施したのは音楽で、私が音楽を楽しむようになったのも母のお陰なんだ。母はいつも私のすることは何でも協力してくれた。ただひとつ、私がミレヴァと付き合うことを除いてはね。ミレヴァは聡明な人だったな ―― 物理の勉強をしたり議論を交わしたりして、私たちは数え切れない時間を共に過ごした。結婚生活だって、最初の数年間は幸せだったんだ。だけど、私たちの関係は崩れていった。大部分は私の仕事のせいだ。私たちは、子どもたちがまだ幼いときに離別し、子どもたちの人生にも影響を与えてしまった。私のような男は、結婚したり子どもをもったりするべきではないんだろうな。

―― アインシュタインさんにとって大切な女性という意味で、ほかに触れておきたい方はいますか？

私の二番目の妻エルザは、私の人生でもっとも大切なひとりだった。彼女は私が何度か病気をしたときもずっと献身的に面倒をみてくれたんだ。気の利かない亭主が仕事にばかり夢中になっていても、家のことを完璧に切り盛りしてくれたしね。一緒に旅行したときなんか、私は付属品のようなもので、彼女はつねに手筈を整えてくれたり、無駄な骨折りではあったが私の見栄えをよくしようとしてくれたりもした。彼女が死んだあと、私はすっかり古ぼけた身なりになって、靴下を履かない人として知られるようになった。時々面白がってそのことについて聞かれたこともある。あとは、秘書のヘレン・デュカスと継娘のマーゴットについても触れておくべきだろう。エルザだけでなく彼女たちも、私が俗事に煩わされることなく統一場理論に打ち込めるように支えてくれた。そして最後になるが、ずっと昔に関わった若い女性たちにも感謝しなければならないだろう。あえて名前はいわないが、音楽を奏でたり生活を楽しんだりして幸せだった。

巨人たちの肩の上
On the Shoulders of Giants

　20世紀でもっとも有名な科学者として、アインシュタインは当時の名高い科学者たちの誰からもよく知られ、多くの人と親しくしていました。アインシュタインは、彼以前の主要な思想家たちについて強い意見をもっており、彼らについて語るときは決まって熱弁を振るうのでした。なかでも4人の偉大なる自然科学者には一目を置き、ベルリンで勉強しているときには、そのうちの3人の肖像画をもっていたほどです。その3人とは、サー・アイザック・ニュートン（1642-1727）、ジェームズ・クラーク・マクスウェル（1831-1879）、そしてマイケル・ファラデー（1791-1867）でした。この3人とガリレオ（1564-1642）は、アインシュタインの考える史上もっとも独創的で天才的な人物でした。そしてアインシュタインは、自身の発見は彼らのお陰であることを素直に認めていました。

―― アインシュタインさん、ニュートンはかつて「巨人の肩の上に乗っていたから自らの研究を行えた」といいました。あなたにとっての巨人とは誰ですか？

そのニュートンとガリレオだ。彼らは数少ない法則に基づいて、世界の完全なシステムを構築した。ニュートンに比べたら、私が苦労して自然から手に入れたものなんてつまらないものだよ。だけど、この懸命の努力があったからこそ、私たちを縛っていたものから自由になれたし、もっとも素晴らしくて偉大な彼らの仲間になれた。

―― ニュートンの宇宙システムが科学をもっとも進歩させたのはなぜです？

ニュートンは経験に基づいてシステムを発見した最初の人物だったんだ。そしてそこから、数学的推論だけで幅広い現象に通用させることができた。彼のシステムは、太陽の周りを回る惑星の運動から池に落ちる小石の動きに至るまで、あり

とあらゆる宇宙の仕組みを説明した。この偉業はまさに奇跡としかいいようがない。この奇跡はニュートンの頭脳のたまものなんだ。

—— ほかの人たちも貢献したのでしょう？　たとえばガリレオとか？

うん、そうだね——ケプラーのような人たちも貢献した。だが、ニュートン以前の人たちのなかで、ずば抜けていたのはガリレオだった。彼もニュートンと同じくらい大きな貢献をしたといっても過言ではない。経験をもとに、独創的な方法を用いて物体の運動を浮き彫りにしたんだ。ガリレオは、力を加えなければ物体はいまある運動状態を維持し、物体の速度や方向が変わるには外から力を加えなければならないということを示した。

—— 日々の経験のなかで、物体を動かし続けるためには力を加えなければなりません。エンジンが動かなければ車はや

がては止まるし、風が帆を押さなければ帆船は失速します。それでも、ガリレオは物体が動き続けるためには力はいらないというのですか？

そこがガリレオの偉大なる貢献なんだ。彼は日々の経験のなかで、外からの力として摩擦がつねに存在することを知っていた。実際に摩擦を除くための技術はなかったので、ガリレオは頭のなかでそうするしかなかった。だから、運動している物体をほかのすべての外力から隔離したんだよ。すると物体の運動は何からも邪魔されることなく、永遠に動き続けた。ニュートンはこれをガリレオから学び、ただちにこれらの観察は数学的に解釈される必要があると理解した。それをするために、ニュートンは微積分学を発明したのさ。

―― 微積分学を発明したから、ニュートンはもっとも偉大な天才と呼ばれているのですか？

いや、微積分学はただの新しい言語に過ぎない。その言語を

用いて、ニュートンは運動の法則を公式化したんだ。彼は、物体の運動状態を変化させるために必要な外力を適用するという概念を定量化し、それが数学の基本的な概念の発見につながった。それはさらに偉大な業績だった。だが、ニュートンはそこで止まらなかった。彼はその新しい数学的ツールを使って、リンゴが枝から落ちる力は月が地球の周りを回り続ける力と同じであることを示して見せたんだ。驚くべきは、ニュートンがこれを頭のなかだけで成し遂げたということだ。この功績は人類の歴史のなかでもっとも偉大な発見として位置づけられている。

―― アインシュタインさんはたびたび、ジェイムズ・クラーク・マクスウェルの研究を尊敬しているとおっしゃっています。科学の殿堂において、マクスウェルは偉大なニュートンに近いと考えていますか？

マクスウェルだけじゃない。ファラデーとマクスウェルというふたりの天才だ。科学に対する彼らの貢献は、ニュートン

とガリレオのふたりの功績にほぼ匹敵すると私は思っているよ。アンペールは力に関する分野において電気と磁気に関する見事な発見や発明をしていたが、ファラデーはその電気と磁気の結びつきを拡大させたんだよ。それは、新たな自然界の法則となり、こんにちの物理学の発展に欠かせない存在となった。偉大なるマクスウェルはこの仕事を拡張し、それを数式に表して、電磁気学という素晴らしい理論を作り出した。ほかにもいろいろあるが、電磁場は光速で移動する波動であることを教えてくれた。マクスウェルは光の性質を発見したんだ！

—— ケプラーの名前も挙げていましたね。彼はどのような影響を？

ケプラーは、惑星の運動に関して、実験に基づいた数学的法則を提供してくれた。ニュートンの宇宙システムが生まれたのも彼のお陰だ。いまだと、惑星の法則を発見するためにどれほど発明の才能やたゆみない研究が必要だったのかを想像

するのは難しいかもしれないね。ケプラーは幸い、火星の正確な位置データを知っていた。だけど、その軌道を計算するためには、空間における不動点がふたつ必要だったんだ。ひとつは太陽にするとして、もうひとつはどこにすればよいのか？　惑星はどれも太陽の周りを動いている。ケプラーは、火星は太陽の周りを1周するあいだに、ある特定の位置を横切ることに気付いた。彼はそのデータを入手するや、ふたつめの不動点を探すべく、軌道上にあるポイントを調べた。そして宇宙空間におけるこれらふたつの不動点から、地球や他の惑星の軌道を算出するための三角測量を可能にしたんだ。

――　私たちはあなた以前の巨人について話してきました。アインシュタインさんの時代には誰か巨人はいましたか？

プランクと偉大なボーアは間違いなく巨人だろう。マックス・プランクが発見した放射の法則は画期的で、これにより原子の正確な大きさを初めて決定づけることが可能になった。でも、それ以上に重要なのは、エネルギーの原子論的構造の

発見だった。その発見は、20世紀におけるあらゆる物理学の礎(いしずえ)となった。そしてボーアは最初の数学的原子モデルを構築し、量子論の近代的解釈を導いた。量子論は、もっとも完全な——まあ、私の意見ではまだ完成されたとはいえないが——物質の理論を与えた。

—— 科学者以外で、何かしらの影響を受けた人物はいますか？

いや。私はたったいま話した科学者たちの発見に基づいて科学的研究を積み重ねた。だけど、私の人生に影響を与えたり信念を形成するのを助けたりした哲学者は何人かいるよ。哲学者バールーフ・デ・スピノザの研究からは、神や宗教に関する私の考えを形成する上で影響を受けた。そして幼い頃にモーツァルトのソナタに出会ったことが、生涯にわたり音楽を愛することにつながった。こういった現存する、あるいは亡くなった偉人たちの驚くべき人生を思うと、内側の自分も外側の自分も、すべて他の人々の努力の上に成り立っている

のだということが分かる。そして、彼らから受け取ったのと同じくらいの影響を、自分も人に与えられるように尽力しなければならないという思いに駆られるんだ。

音楽とボート
Musician and Sailor

　アインシュタインには、物理学のほかに生涯情熱を傾けたふたつの楽しみがありました。音楽とボートです。音楽の才能があったので、科学者でなければ音楽家になっていたはずだと彼はいいました。アインシュタインは18世紀の作曲家を尊敬していましたが、現代音楽や当時活躍していた近代の作曲家にはほとんど興味がありませんでした。彼らのことを「骨組みが貧弱」で「内面に訴える迫真性に欠ける」と非難するのでした。また、アインシュタインはいそいそとボート乗りに出かけました。誰かに危険ではないかと注意されてもおかまいなし。ライフジャケットも海図も予備エンジンももたずに行くのでした。「もし私が溺れるようなことになれば、そのときはそのときだ」といったこともありました。

―― アインシュタインさんは、音楽に対する情熱について何度か触れましたよね。音楽はあなたの人生にとって大事なものだったのですか？

音楽は私の情熱。音楽を奏でられない生活なんて想像もできないね。物理学のほかに、私にもっとも喜びをもたらすものは音楽だ。私は音楽という言葉で人生を捉えている。旅に出るときはいつもバイオリンと一緒だよ。

―― バイオリンを習ったのはいつ頃？

私の母パウリーネは熟練のピアニストでね、妹のマヤと私がまだ幼い頃から、音楽に触れさせるべきだと考えていたようだ。母は、私たちふたりに音楽のレッスンを受けさせた。そのとき、私は6歳。バイオリンを選んだのもその頃だった。

―― 子どもは大概、音楽のレッスンが好きではないですよね。アインシュタインさんは、どうでしたか？

たいていの場合は、好きじゃなかった。何でも型どおりの学習っていうのが苦手だったから、音楽のレッスンも嫌いだった。先生が時代遅れの機械的な方法を使ったりするのがとんでもなく嫌でね。でも、13歳くらいの頃だったかな。モーツァルトのソナタ曲に出会って音楽に対する興味が目覚めたんだ。私はモーツァルトの独創的で素晴らしい優雅さを再現できるようになりたいと思った。私の本当のレッスンが始まったのはそのときだった。残念ながら、正式な指導はたった1年くらいしか続かなかったけどね。だけど、そういった美しいソナタの音色を奏でようと試みることによって、私はテクニックを磨いていけた。私はいつだって何だって独学で学べると信じている。

―― お母さんから音楽指導を受けたことはありますか？

あまりなかったよ。でも、レッスンが終わったあとで、よく母と二重奏をしたものだ。母がピアノで私がバイオリン。それは生涯にわたって母と私の習慣となった。私たちの家では、

いつだって素晴らしい音楽が演奏されていたよ。

—— ほかの楽器は演奏しましたか？

自分でピアノを弾いたかな。腕前はまあまあ。ピアノを弾くとリラックスできるんだ。私が計算に頭を悩ませているときにピアノでポロンポロンとコードを弾くと、次第に考えがまとまっていくことはよくあった。音楽は思考にも素晴らしい。

—— 好きな作曲家は？

間違いなくモーツァルトとバッハだね——ふたりの楽曲を聴き、奏で、愛し、尊敬している。私はベートーヴェンも尊敬しているが、彼は少しばかりドラマチックだな。シューベルトもいい。感情の表現の仕方には、類い希なる才能がある。それに、シューマンの短い作品も好きだ。オリジナルで熱烈な感情が込められているからね。ブラームスの室内楽曲もいいけど、ほかの作品はどうもピンとこない。ヴィヴァルディ、

スカルラッティ、コレッリも気に入っている。私が一番よく演奏するのは、モーツァルトとベートーヴェンのソナタ。この音楽は、いつも私を奮い立たせてくれるんだ。

―― 音楽で研究の気分転換をしているのですね？

いや、そうではない。音楽は私の人生の一部なんだ。音楽を奏でているときは、たしかに仕事をしていない。だけど、仕事から逃れるために音楽を奏でているのではないんだ。音楽も研究の仕事も似たような熱望によって育まれるもの。どちらも互いが解き放つもので補完し合っているんだ。

―― ではリラックスしたいときは、どのようなことをするのですか？

チューリッヒの学生時代からボートに乗るのが好きなんだ。だけど、私はこの分野にかけては、大した才能がなくてね。時々、砂州(さす)に突っかかってしまったときに、そこからボート

を出せればそれで十分なんだ。

—— ボートに乗っていた頃の思い出はありますか?

一度、ジュネーブで開催された科学会議にマリ・キュリーと出席したとき、自由時間に彼女をボート乗りに誘ったことがあったな。湖のど真ん中で、彼女はセーリングがお上手だとは知りませんでしたって私にいったんだ。私は「私も知らなかった」と答えたよ。それから彼女は、もしボートが転覆したらどうするのですかと尋ねてきた。自分は泳げないからって。それで私はいったんだ。「私も泳げない」ってね。

—— ボートに乗るときも仕事をするのですか?

たいていはノートをもっていく。風がないときのために。私はいつだって自然の不思議を解明するための努力を惜しまない。ほんの少しの時間でも仕事ができれば、その発見に近づいていると感じるんだ。

―― 科学から頭が離れることはあるのですか？

滅多にないね。あるとすれば、音楽ぐらいだろう。音楽を演奏したり聴いたりするときは感慨にひたる。だけど、自然の神秘を明らかにするための研究は、私に活気を与え、この喜びに満ちた活動はつねに私の頭を満たしているんだ。科学者になるということは、生涯を通じて子どもであり続けるということ。つねに別の素晴しい現象を発見しては不思議に思い、〔アダムとイヴがそうしたように〕知恵の樹の実を食べたいと願い続けることだ。

―― アインシュタインさん、次で最後の質問になります。現存するすべての欠点も含め、科学は自然の神秘を発見するための正しい道だといえますか？

もちろん。私はそう強く信じている。一般に、科学は正しい道だ。だけど、科学はまだ初期段階にある。長い人生のなかで私が学んだひとつに、我々の知っている科学はどれも現実

と比べたらまだまだ原始的で子どもじみているということがある——それでも、自然の神秘を解明するために私たちができる最善の方法といえばそれは科学なんだよ。

注

p.8「その場で弁明……」
Ideas and Opinions (New York: Crown Publishers, 1954), p.15.

p.8「Aが成功であるとき……」
The New York Times, August 18, 1929. Quoted in A. Pais, Einstein Lived Here (New York and Oxford: Oxford University Press, 1994), p.152.〔アブラハム・パイス著、村上陽一郎、板垣良一訳『アインシュタインここに生きる』産業図書、2001〕

p.19「支術的に応用しよう……」
Letter to to Jules Isaac, Princeton, February 28, 1955. Quoted in A. Fölsing, Einstein, A Biography (New York and London: Viking, 1997), p.725.

p.19「大きさが一定で……」
"Autobiographical Notes," in Albert Einstein, Philosopher Scientist, ed. P. A. Schilpp (London: Cambridge University Press; La Salle il: Open Court, 1949), p.47.

p.22「私はこのようなときに……」
To Paul Ehrenfest, Berlin, August 19, 1914. Einstein, A Biography, p.343.

p.22「直接的であれ……」
Interview with Die Wahlheith of Prague, 1929. Quoted in R.W. Clark, Einstein, The Life and Times (New York: World Publishing, 1971), p.351.

p.24「なにか根本的に……」
To Cornelius Lanczos, February 14, 1938. Quoted in H. Dukas and B. Hoffman, Albert Einstein, The Human Side (Princeton NJ: Princeton University Press, 1979), p.60.〔H・デュカス、B・ホフマン編、林一訳『素顔のアインシュタイン』東京図書、1991〕

p.25「私は、運命によって……聞かずにすみます。」
To Queen Elizabeth of Belgium, March 20, 1936. Ibid., p.45.

p.26「あの人はいつも……ずぶ濡れだったわ。」
Private conversation with Mrs. Harlow in McLean VA, November 11, 2006.

p.27「ダイニングルームには……」
Maria Winteler-Einstein, "Albert Einstein, A Biographical Sketch," in The Collected Papers of Albert Einstein, Vol. 1 (Princeton NJ: Princeton University Press, 1987), p.14.

p.39「これから4篇の……」
Letter to Conrad Habicht, May 1905. The Collected Papers of Albert Einstein, Vol. 5, Doc. 27 (Princeton NJ: Princeton University Press, 1995), p.31.

p.55 さて、このテーマを……しまうだろう。
Out of My Later Years (London: Greenwood

Press, 1956; New York: Random House, 1970), p.57 (slightly adapted for the purposes of conversation).〔アルバート・アインシュタイン著、井上健訳『科学者と世界平和』中央公論新社、2002〕

p.72 アーサー・エディントン氏……私の理論だ。

I. Rosenthal-Schneider, *Erinnerungen an Gespräche mit Einstein* manuscript, July 23, 1957; also I. Rosenthal-Schneider, *Begegnunger mit Einstein, von Laue, Planck* (Braunschweig, 1988). See *Einstein, A Biography*, p.439.

p.78 とにかく……しないんだよ。

Letter to Max Born, December 4, 1926. *The Born-Einstein Letters 1916–1955* (Basingstoke: Houndsmills; New York: Macmillan Press, 2005), p.88.

p.79 「これは、驚くべき結果だ」

Jahrbuch der Radioaktivität und Elektronik, 4 (1907), p.442.

p.79 「この理論は……かもしれない。」

Letter to Conrad Habicht (Fall 1905, undated).

p.84 「拝啓……」

Letter to President Roosevelt, August 2, 1939, *The Albert Einstein Archives* (The Jewish National & University Library, The Hebrew University of Jerusalem, Israel), 33-143.

p.87 私が思うに……変わりない。

Letter to the editor of Japanese magazine *Kaizo*, September 22, 1952. Quoted in O. Nathan and H. Nordern, *Einstein on Peace*, pp.584–89 (*Einstein Archives*, 60-039).

p.88 私は熱心な……ということだ。

Letter to Seiei Shinohara, June 23, 1953 (*Einstein Archives*, 61-297).

p.89 第三次世界大戦が……だろうね。

Interview with Alfred Warner, *Liberal Judaism* 16 (April–May, 1949), p.12, (*Einstein Archives*, 30-1104).

p.90 もしそういった……ないだろう。

Letter to Maurice Solovine, Princeton, May 7, 1952, in *Letters to Solovine* (New York: Philosophical Library, 1987), p.137.

p.91 「過去2年間の……」

Quoted in B. Hoffmann, *Albert Einstein, Creator and Rebel* (New York: The Viking Press, 1972), p.225.

p.96 何より……ということ。

Ernest Straus, in *Helle Zeit-Dunkle Zeit*, p.72. See *Albert Einstein, A Biography*, p.736.

p.96 神は……ないんだけど。

Letter to Hermann Weyl. Quoted in *Einstein: The Life and Times*, p.613.

p.104 私は……とは思っていない。

Reply to Rabbi Herbert S. Goldstein, *The New York Times*, April 25, 1929, p.60. Quoted in M. Jammer, *Einstein and Religion* (Princeton NJ: Princeton University Press, 1999), p.48.

p.104 自然の法則の……考えている。

Letter to a young girl, January 24, 1936, reproduced in *Weltwoche*, August 19, 1981, p.37. Quoted in *Einstein Lived Here*, p.117.（アブラハム・パイス著、村上陽一郎、板垣良一 訳『アインシュタインここに生きる』産業図書、2001）

p.108 実際……信じている。

"Religion and Science," *The New York Times*, November 9, 1930, pp.1–4. Reproduced in *Ideas and Opinions* (New York: Crown Publishers, 1954), p.39.

p.110 私に関しては……しまう。

To Paul Ehrenfest, March 21, 1930. Quoted in *Albert Einstein, The Human Side*, p.17.

p.113 息子は……見い出せることだ。

Letter to Hans Albert Einstein, May 11, 1954 (*Einstein Archives*, 75-918.)

p.117 私はすっかり……になった。

Letter to Erich Mühsam, Princeton, Spring 1942, in *Helle Zeit-Dunkle Zeit*, p.50, see *Einstein, A Biography*, p.732.

p.119 だけど……仲間になれた。

Albert Einstein note to Dr. Hans Mühsam, 1920, see *Albert Einstein, The Human Side*, p.19.

p.125 こういった……られるんだ。

Ideas and Opinions (New York: Crown Publishers, 1954), p.9.

p.127「もし私が溺れる……」

Einstein, A Biography, p.685.

p.128 私は音楽……捉えている。

Interview with George Sylvester Viereck, "What Life Means to Einstein," *The Saturday Evening Post*, October 26, 1929.

p.131 似たような……いるんだ。

Letter to Paul Plaut, October 23, 1928. (*Einstein Archives*, 28-065); also in *Albert Einstein, The Human Side*, p.78.

pp.131 だけど……十分なんだ。

Letter to Queen Elizabeth of Belgium, March 20, 1954 (*Einstein Archives*, 32-385).

p.133 長い人生……は科学なんだよ。

In a letter to Hans Mühsam, July 9, 1951 (*Einstein Archives*, 38-408).

参考資料

本

アインシュタインの人生と研究に関する参考書籍は数多くあります。内容も、科学的な研究に関する教科書から一般読者向けの伝記にいたるまで多岐にわたります。ここでは、現在出版されていて一般読者に最適な書籍を選びました。

M. Born, *Einstein's Theory of Relativity* (New York: Dover Publications, 1962)

C.I. Calle, *Einstein for Dummies* (Hoboken: Wiley, 2005)

R.W. Clark, *Einstein, The Life and Times* (New York: The World Publishing Company, 1971)

H. Dukas and B. Hoffmann, *Albert Einstein, The Human Side* (Chichester, West Sussex and Princeton NJ: Princeton University Press, 1979)〔H・デュカス、B・ホフマン編、林一訳『素顔のアインシュタイン』東京図書、1991〕

A. Einstein, *The Collected Papers of Albert Einstein*, 10 vols. (Chichester, West Sussex and Princeton NJ: Princeton University Press, 1987–2006)

Autobiographical Notes (London and New York: Open Court, 1979)

Ideas and Opinions (New York and London: Crown Publishers, Random House, 1954)

Letters to Solovine (New York: Philosophical Library, 1987; London: Citadel Press, 1993)

Out of My Later Years (London and New York: Wings Books, Random House, 1956)〔アルバート・アインシュタイン著、井上健訳『科学者と世界平和』中央公論新社、2002〕

Relativity: The Special and the General Theory (London and New York: Penguin, 2006)

The Born-Einstein Letters (London and New York: Macmillan, 2005)

The World As I See It (New York: Citadel Press, 2007)

A. Einstein and l. Infeld, *The Evolution of Physics* (New York: Simon & Schuster, 1967)

A. Fölsing, *Albert Einstein, A Biography* (London and New York: Viking, 1997)

B. Hoffmann, *Albert Einstein, Creator and Rebel* (New York: Viking, 1972)

W. Isaacson, *Einstein: His Life and Universe* (London and New York: Simon and Schuster, 2007)〔ウォルター・アイザクソン著、二間瀬敏史監訳、関宗蔵、松田卓也、松浦俊輔訳、『アインシュタイン――その生涯と宇宙』阪急コミュニケーションズ、1986〕

M. Jammer, *Einstein and Religion* (Chichester, West Sussex and Princeton NJ: Princeton University Press, 2002)

T. Levenson, *Einstein in Berlin* (London and New York: Bantam, 2003)

A. Pais, "Subtle is the Lord ..." The *Science and Life of Albert Einstein* (Oxford and New York: Oxford University Press, 1982) *Einstein Lived Here* (Oxford: Clarendon Press, 1994)〔アブラハム・パイス著、村上陽一郎・板垣良一訳『アインシュタインここに生きる』産業図書、2001〕

J. Renn and R. Schulmann, *Albert Einstein-Mileva Maric, The Love Letters* (Oxford and Princeton NJ: Princeton University Press, 1992)

J. Stachel, *Einstein's Miraculous Year* (Chichester, West Sussex and Princeton nj: Princeton University Press, 1998)〔アルベルト・アインシュタイン著、ジョン・スタチェル編、青木薫訳『アインシュタイン論文選:「奇跡の年」の5論文』筑摩書房、2011〕

このほか日本語で読める入門参考書

安孫子誠也著『アインシュタイン相対性理論の誕生』講談社現代新書、2004.

バリー・パーカー著、井川俊彦訳『アインシュタインの情熱』共立出版、2005.

J・S・リグデン著、並木雅俊訳『アインシュタイン奇跡の年1905』シュプリンガー・フェアラーク東京、2005.

金子務著『アインシュタイン・ショック 1、2』岩波現代文庫、2005.

志村史夫著『アインシュタイン丸かじり』新潮社、2007.

佐藤勝彦監修『Newton みるみる理解できる相対性理論──特殊相対性理論も一般相対性理論も実はむずかしくなかった!』ニュートンプレス、改訂版 2008.

Jerome Pohlen 著、大森充香訳『アインシュタインと相対性理論 時間と空間の常識をくつがえした科学』丸善出版、2014.

映像

Einstein's Big Idea, NOVA, PBS, Nova441 (2005)

Einstein Revealed, NOVA, PBS, Nova810 (2000)

Einstein's Wife, PBS, EINW601 (2003)

Einstein: How I See the World, PBS Home Video (2000)

Genius: The Science of Einstein, Newton, Darwin, and Galileo, NOVA, PBS (1974)

NHK スペシャル アインシュタインロマン DVD-BOX (2010)

ウェブサイト

The Albert Einstein Archives, The Hebrew University of Jerusalem http://www.albert-einstein.org/

100分 de 名著 アインシュタイン相対性理論 http://www.nhk.or.jp/meicho/famousbook/17_einstein/

索引

アインシュタイン、アルベルト
  結婚（一度目）　17, 114-116
  結婚（二度目）　20-21
  子どもたち　17, 109-113, 116
  仕事のやり方　97-102, 131-133
  性格　7, 10, 26-27, 113
  〜とポリシー　22-23, 84-90
  〜と宗教　78-79, 96, 103-108, 125
  身なり　7, 26, 117
アインシュタイン、エドゥアルト（次男）　17, 109, 111
アインシュタイン、エルザ
  → レーベンタール、エルザ
アインシュタイン、パウリーネ（母）　11-12, 14, 115, 128
アインシュタイン、ハンス・アルベルト（長男）　17, 109, 111-112
アインシュタイン、ヘルマン（父）　11-12, 14, 101, 115
アインシュタイン、マリア（マヤ）（妹）　12, 26-27, 114-115, 128
アインシュタイン、ミレヴァ
  → マリッチ、ミレヴァ
アインシュタイン、ヤコブ（叔父）　13
アボガドロ数　34-36, 38
インフェルト、レオポルト　97
ウィンテーラー、マリー　15
宇宙定数　24
宇宙の膨張　24
エディントン、アーサー　47, 71-72
エネルギーと質量の等価（E=mc²）　6, 18, 40-41, 45, 79-81
エリザベス、ベルギーの女王　25, 86
音楽　7, 12, 116-117, 125, 127-131, 133

加速　6, 24-25, 49, 63-70

核エネルギー　18
核兵器　23, 84, 86, 88-90
ガリレオ、ガリレイ　63, 118-121, 123
キュリー、マリ　132
空間の歪み　68-69, 71, 94
グロスマン、マルセル　63
ケプラー、ヨハネス　120, 123-124
原子　19, 30-36, 124
原子物理学　18, 83

時間　56-62
時空　6, 77, 94
重力　66-71
シュレーディンガー、エルヴィン　73
スピノザ、バールーフ・デ　125
相対性理論　5-6, 9, 19-20, 39-41, 43-45, 47-48, 54-56, 65, 75-76, 79, 81, 102
  一般相対性理論　6-7, 19-20, 22-25, 41, 63-64, 66, 68, 73-75, 94, 97
  特殊相対性理論　5-6, 20, 25, 41, 43, 47-48, 53, 56, 63-66, 79, 101, 102
  〜の応用　19, 23, 55
  量子物理学と〜　74-75, 93
  〜を理解できること　9, 47
  → エネルギーと質量の等価

ダークエネルギー　24
第二次世界大戦　84, 87
ディラック、ポール　73, 76, 95
デュカス、ヘレン　117
電磁気学　93, 102, 123
テラー、エドワード　86
統一場理論　24-25, 91-92, 94, 117
等速直線運動　5-6, 49, 58, 63-65
特許局（スイス）　40
ドルトン、ジョン　31-30

ナチス　22-23, 84, 88-89, 95, 97, 114
ニュートン、アイザック／ニュートン物理学
  20, 39, 43-44, 54, 74-75, 93, 118-123

ノーベル賞　18

ハーロー，バム　26
ハイゼンベルク、ヴェルナー　73, 76
ハッブル、エドウィン　24
ハビヒト、コンラッド　39, 79
反物質　95
光　4-6, 16, 22, 39-40, 42-43, 45, 48, 50-52,
　　58-61, 69-71, 74-75, 80, 101-102, 123
　　光速度不変の原理　48, 50-51
ファラデー、マイケル　118, 122-123
ブラウン、ロバート　36
ブラウン運動　36-38
プランク、マックス　4, 42, 124
不老不死　105
分子　18-19, 31-37
平和主義　7, 22, 84-85, 87-88
ベッソ、マイケル　52-53
ペラン、ジャン　38
ボーア、ニールス　73, 76, 124-125
ボート乗り　7, 113, 127, 131-132
ボルン、マックス　76
ホフマン、バネシュ　97

マクスウェル、ジェームズ・クラーク　4-5,
　　15, 93, 102, 118, 122-123
マッハ、エルンスト　32
マリッチ、ミレヴァ　15, 17-18, 20, 109, 114-
　　116
マンハッタン計画　84, 86-87
ミリカン、ロバート　5
ミンコフスキー、ヘルマン　6

量子論　18, 125
ルーズヴェルト、F. D.　23, 84-86
レーベンタール、エルザ　17-18, 20-21, 26,
　　114, 117
レーベンタール、マーゴット　117
レオ、シザード　85

訳者あとがき

　『アインシュタインとコーヒータイム』お楽しみいただけたでしょうか？

　アインシュタインといえば独特の風貌とともに相対性理論を提唱して万人の宇宙観を変えた天才物理学者として大変有名です。当然のことながら数多くの伝記が存在しているのですが、本シリーズでは偉人本人とのインタビュー形式をとるという新奇な趣向が大きな魅力となっています。架空のインタビューとはいえ、多数の資料を参考引用したという受け答えはまさにアインシュタインそのもの。書籍という二次元の世界でありながら、アインシュタインの表情や体温を感じていただけたのではないでしょうか。

　ところで、アインシュタインは大の親日家としても知られています。1922年（大正11年）11月17日にご夫人同伴で日本を訪れ、日本人の奥ゆかしさ、日本の美しい自然や芸術に深い感銘を受けたのです。アインシュタインは43日間の滞在期間に神戸、東京、仙台、名古屋、京都、大阪、福岡を

忙しく巡り、各都市で、ときに5時間にも及ぶ講演を行いました。折しも日本は明治維新の文明開化を経て、大学や学会などの研究機関が次々と設立された近代科学発展の時期にありました。アインシュタインの来日も、当時一世を風靡していた総合雑誌『改造』の出版社が企画して実現させたものでした。そしてこれも何かの縁なのでしょうか、アインシュタインは日本に向かう船旅の途中で、ノーベル物理学賞受賞の知らせを受けたのです。日本には空前の科学ブームが巻き起こり、アインシュタインは行く先々で熱狂的に歓迎されました。

それから100年近く経ちますが、アインシュタインの功績が色あせることはなく、生涯こだわり続けた統一場理論の研究も超弦理論といった現代の研究に繋がっています。いま改めて、日本の皆さんにアインシュタインの科学的発明や人生をご紹介できることを嬉しく思います。

大森充香

著者紹介

カルロス・I・カル [Carlos I. Calle]
NASAケネディー宇宙センターの上級研究物理学者。2003年に、NASAから宇宙計画の功績に対し「Spaceflight Awareness Award」を受賞。研究所のスタッフと共に、NASAの月探査のための技術を開発している。著書に *Superstrings and Other Things: A Guide to Physics and Einstein for Dummies* がある。

ロジャー・ペンローズ [Sir Roger Penrose]
オックスフォード大学の数学名誉教授であり、一般相対性理論と宇宙理論における功績で有名な数理物理学者。著書に *The Emperor's New Mind*〔林一訳『皇帝の新しい心:コンピュータ・心・物理法則』みすず書房、1994〕、*The Road to Reality* などがある。

訳者紹介

大森充香 [Omori Atsuka]
翻訳家。ニューヨーク州立大学ストーニーブルック校メディカルテクノロジー科(現クリニカルラボラトリーサイエンス科)卒。バベル翻訳大学院修了。翻訳修士。主な訳書に『ダーウィンと進化論——その生涯と思想をたどる』(児童福祉文化財認定図書)、『アインシュタインと相対性理論 時間と空間の常識をくつがえした科学』(ともに丸善出版)などがある。

アインシュタインとコーヒータイム

著者	カルロス・I・カル
	ロジャー・ペンローズ (まえがき)
訳者	大森充香
発行日	2015年12月10日 初版第1刷発行
発行所	株式会社 三元社
	東京都文京区本郷1-28-36 鳳明ビル1階
	電話 03-5803-4155 ファックス 03-5803-4156
印刷+製本	シナノ印刷 株式会社
コード	ISBN978-4-88303-390-4